高手

谋定而后动，出手就是定局

高成 著

哈尔滨出版社
HARBIN PUBLISHING HOUSE

图书在版编目（CIP）数据

后手：谋定而后动，出手就是定局 / 高成著．
哈尔滨：哈尔滨出版社，2025.1. -- ISBN 978-7
-5484-8311-3

Ⅰ．K248.09

中国国家版本馆CIP数据核字第2024ER2675号

书　　　名：	后手：谋定而后动，出手就是定局

HOUSHOU：MOUDING ER HOUDONG, CHUSHOU JIUSHI DINGJU

作　　者：高　成　著
责任编辑：赵志强
封面设计：尚世视觉

出版发行：哈尔滨出版社（Harbin Publishing House）
社　　址：哈尔滨市香坊区泰山路82-9号　　邮编：150090
经　　销：全国新华书店
印　　刷：天津旭非印刷有限公司
网　　址：www.hrbcbs.com
E-mail：hrbcbs@yeah.net
编辑版权热线：（0451）87900271　87900272

开　　本：710mm×1000mm　1/16　印张：12　字数：170千字
版　　次：2025年1月第1版
印　　次：2025年1月第1次印刷
书　　号：ISBN 978-7-5484-8311-3
定　　价：59.80元

凡购本社图书发现印装错误，请与本社印制部联系调换。

服务热线：（0451）87900279

目录
CONTENTS

第一章　九子夺嫡 / 001

日薄西山的老皇帝 / 003

两次被废的太子爷 / 011

立下战功的大阿哥 / 019

朝臣拥戴的八阿哥 / 024

悄然崛起的十四阿哥 / 032

第二章　隐忍低调的"富贵闲人" / 039

皇后娘娘的养子 / 041

侍从康熙巡幸天下 / 047

笃信佛教藏心志 / 054

严教之下养才气 / 058

第三章　四阿哥走上夺嫡之路 / 063

谋士戴铎献"三策" / 065

戒急用忍不树敌 / 071

韬光养晦观虎斗 / 076

在聪明人面前装糊涂 / 083

胤禛麾下的"四大金刚" / 090

第四章 棋高一筹的雍亲王 / 097

明面上不利就在暗地里使劲 / 099

虚心求才丰羽翼 / 105

关键时刻出王牌 / 114

提前布局善抓时机 / 119

第五章 意料之外的赢家 / 125

冬至畅春园 / 127

新皇帝即位 / 134

康熙遗诏有没有被动过手脚 / 142

调虎离山解除胤禵兵权 / 148

第六章 巩固皇位，拔掉眼中钉 / 157

先拉后打"八爷党" / 159

重拳出击十四爷 / 167

居功自傲的年羹尧 / 174

恃宠营私的隆科多 / 180

科甲朋党案 / 185

第一章 九子夺嫡

日薄西山的老皇帝

随着近年来清宫剧的不断热播，爱新觉罗·胤禛也成了家喻户晓的人物。本来在时间上，清王朝和现在就比较接近，辛亥革命爆发也不过是一百多年前的事情，加之《戏说乾隆》《宰相刘罗锅》《康熙微服私访记》《康熙王朝》等清宫剧屡屡出现在荧屏，因此人们也就对清朝皇帝有了更多的了解。一开始，人们把焦点主要放在康熙和乾隆身上，雍正只是个陪衬。2011年左右，《宫锁心玉》《步步惊心》《甄嬛传》等剧目集中播出，雍正突然就火了，打开电视，几乎每个台都是他谈恋爱、玩权术的镜头，今天与晴川眉来眼去，明天和若曦打情骂俏，后天又抱着甄嬛在甘露寺里卿卿我我。若乾隆皇帝泉下有知，见到此情此景，必然大惊：以前，我和爷爷是当仁不让的影视大腕儿，怎么现在被我爸抢了风头？

在历史上，胤禛的确是康熙皇帝的儿子，双方有着血缘关系；但是在朝廷里，康熙皇帝又是胤禛的顶头上司，是大清这个"家族企业"的董事长。杀伐决断、大政方针，都取决于老皇帝的旨意。像皇位继承等关乎社稷存亡、国计民生的大事，没有最高统治者的点头授意，从法理上来说，那是谁都不能自作主张的。广大臣民百姓，都要听从"大老板"的最高指示。胤禛也在父皇的"公司"里做"牛马"，每月从国库领取一定数量的薪水，维持全家人的生计。作为儿子兼打工人，胤禛想让康熙皇帝将"公司"老总的宝座传给他，就必须对爸爸晚年的基本情况有全盘了解，来作为决策的主要依据。只有把父皇的各类信息拿准了、吃透了，用心表现，得到他本人的认可，父皇才有可能把"企业"交给自己。否则，即使做了再多工作，也很难成功，甚至还会起反作用。

身为"家族企业"的一把手，康熙皇帝住在寸土寸金的北京一环，那里现在叫故宫，以前叫紫禁城，外面还有畅春园、避暑山庄等私人花园、豪华别墅。紫禁城属于"前朝后寝"的格局，通俗来说，就是前半部分为办公区，是皇帝接见大臣，举办典礼，处理军国大事的地方；后半部分是生活区，住着皇太后、皇后、妃嫔等家眷，是皇帝侍奉母亲、休闲娱乐的地方。要了解晚年的康熙皇帝，我们可以从"家"和"国"两个方面进行分析。

先说家庭方面，众所周知，康熙皇帝在位六十一年，是中国历史上在位时间最长的皇帝，可谓"超长待机"，后来乾隆皇帝不愿意打破爷爷的纪录，手下留情，提前禅位给十五阿哥颙琰，成为太上皇并继续掌权，只打破了爷爷执政时间最长的纪录。康熙皇帝享年六十九岁，能够在位六十一年，爸爸顺治皇帝是有功劳的，如果他没有在二十四岁撒手人寰，而是活到了五六十岁，届时即便接班人还是康熙，他想要在位六十多年，可能性也微乎其微。顺治皇帝的早逝，虽然有助于康熙刷新纪录，但也让康熙从小缺乏

康熙晚年画像

父爱，从情感上来说，这是非常悲剧的，他脑海中关于父亲的记忆微乎其微，关于母亲的也同样如此。1663年，玄烨的生母孝康章皇后离世，享年也仅仅二十四岁，真正和顺治做到了"同岁死"。彼时玄烨仅仅十岁，便父母双亡，人生不幸莫过于此。

等到康熙晚年的时候，宫里仍然有位太后，她就是顺治皇帝的遗孀孝惠章皇后。虽然不是亲妈，但她与康熙皇帝也是有血缘关系的，因为孝惠章皇后是康熙的奶奶孝庄太后的侄孙女。古代青年男女鲜有自由恋爱，都是"父母之命，媒妁之言"，身在皇家，那更是如此了，婚姻往往都带有深深的政治烙印。顺治皇帝的第一位皇后是科尔沁卓礼克图亲王吴克善之女，孝庄太后的侄女，结婚仅仅两年，便因为感情不和，被皇帝下旨废黜。对于母亲安排的新皇后，顺治皇帝同样不满意，曾以侍奉太后疾病不够勤快为由，诏停其宫中笺表，甚至也动过废后的心思，只是最后没有成功。

即位后，康熙对皇太后十分孝顺。1696年，康熙北巡，恰逢皇太后大寿，就写信祝贺，皇太后派人送来衣裘答谢，当时天气还不是特别寒冷，康熙虽然没有穿，仍然上书表示"待天寒必欢喜服之"，还遣人送水果干及土特产到宫中，请太后尝鲜；孝惠章皇后六十岁、七十岁的生日，康熙也都亲自写辞赋祝贺，并举办盛大的典礼以尽孝道。1707年，皇七子胤祐生病在南苑调养，皇帝担心太后知道了，过于忧虑孙子的病情，影响老人家的身体，特别批示道："七阿哥的事，断勿奏闻皇太后，只是说已经稍愈，就可以了。"

康熙五十六年十二月，皇太后病重，康熙

顺治皇帝的第二任皇后孝惠章皇后

帝也因为各种烦心事心力交瘁，头晕目眩，脚肿得连走路都不太方便，听说母后病危，仍然用手帕裹着脚板，前往宁寿宫亲自侍奉汤药，就像当年汉文帝给薄太后尽孝一样。皇太后昏迷之际，康熙帝跪在床下，捧着太后的手呼号："母后，臣在此！"太后听到康熙的话，睁开眼睛看着儿子，但已经连话都说不出来了；太后崩逝后，康熙悲痛欲绝，坚持执行割辫之礼以尽哀思，这原本是皇帝驾崩才能使用的礼节。这一年，六十四岁的康熙皇帝再次失去了母亲，对于他来说不啻于暴击，自登基以来，皇太后就已经是他生活的一部分了，至于孝庄太皇太后，她早在三十年前就已长眠于昭西陵。

配偶的情况又怎样呢？先说皇后，提到这两个字，康熙又是一把辛酸泪。康熙皇帝的首任皇后是赫舍里氏，领侍卫内大臣噶布喇的女儿，册立于1665年，当时皇帝只有十二岁。太宗、世祖的皇后都是蒙古人，等到康熙登基的时候，孝庄太后却没有继续安排自己民族的小姑娘，当时她与孝惠章皇后两个寡妇，带着刚懂事的小皇帝，面对托孤大臣鳌拜的咄咄逼人，实在是有些势单力孤，为了笼络另一位托孤大臣索尼，就促成了这桩政治联姻，赫舍里氏就是索尼的孙女，并非电视剧《康熙王朝》中所述的索额图女儿。婚后第九年，由于难产，皇后不幸去世，年仅二十岁。康熙的第二位皇后是托孤大臣遏必隆的女儿，也只活了二十岁便驾鹤西去；第三位皇后佟佳氏，在1689年崩逝，只当了一天皇后，因为佟佳氏身患重病，皇帝就想着封后，让她心里高兴高兴，兴许能对病情有些帮助，可惜天不遂人愿，佟佳氏仍然走了，享年也只有二十多岁。三位皇后，平均寿命不超过三十岁，让康熙倍感郁闷，他认为自己天生克妻，往后余生都没有立后。

皇后是正宫，也就是俗称的"大老婆"，其他女人就是妾室，也就是民间常说的"小老婆"。清东陵景陵妃园寝里面那几十座阴森荒凉的坟茔，都埋葬着康熙的妃嫔。用妻妾成群来形容康熙，那简直是再贴切不过了，他光妃、嫔、贵人、答应等有封号的妾室就有六十多位，没有封号的那就更多了。女人多，是非多，子女也多，康熙从十四岁开始有第一个孩子，到六十三岁停止生育，前后经历五十年，总共生下儿子三十五人，女儿二十人，合计五十五人，数量不可谓不多。

由于早早公开册立了太子，后来又经历废黜、再立、再废，皇子们为"公司"董事长储备人才的身份争得不可开交，这在精神上沉重打击了老皇帝。都是自己的儿子，却只能眼睁睁地看着他们手足相残，等到自己百年之后，有些儿子还要因此送命。幼年丧父、丧母，中年丧妻，人生的不幸，偏偏都叫康熙赶上了，真是造化弄人。

随着年龄的增长，康熙皇帝的身体也是每况愈下，他曾说在位二十年的时候，不敢期盼能在位三十年，三十年的时候，不敢想四十年，真到四十年了，又不敢奢望五十年。皇帝这个职业，体力劳动很少，脑力劳动的强度全天下第一，他曾感慨："数十年来，殚心竭力，有如一日，此岂仅劳苦二字所能该（概）括耶？"大意是干我们皇帝这行的太苦了！太累了！政务的繁忙，皇子的争夺，身体的老化，使这位老皇帝的健康屡屡报警。

1711年四月，他在给大学士的手谕中说："朕自京师抱恙而出，今尚需人扶掖而行。又兼天时亢旱、蚤夜焦劳，以致寝食不安。"病到需要有人搀扶才能行走，吃饭睡觉都难以心安。四年后，由于疾病，康熙的右手无法写字，但他又害怕别人帮他批奏折时可能会夹带私货，干脆就用左手写字；同年秋天，他没有像往常一样率领皇子们射箭，只是在旁边默默观看，有些力不从心了。1717年，他对群臣说，自己"自康熙四十七年大病之后，过伤心神，渐不及往时。况日有万几，皆由裁夺，每觉精神日逐于外，心血时耗于内"，"今气血耗减，勉强支持"，尽管自己的工作太多太难，压力巨大，他也只能拖着病体，勉强支撑。次年，康熙稍微活动一下，手就不停地发抖，脸色也不好看，没有了一点儿大国君主的威严霸气，他自言"羸瘦已甚，未觉全复。足痛虽较前稍愈，步履尚难"，整个人身子骨瘦弱得不行，脚痛尽管好了点儿，想要走路还是很困难。翻阅《大清圣祖仁皇帝实录》，可以发现类似的记载屡见不鲜，这是康熙皇帝风烛残年的真实写照。再牛的人，也敌不过岁月的蹉跎。

与此同时，社会问题也在不断累积。到康熙后期，中国人口数量已达1.5亿，自三藩之乱平定后，国家三十多年没有大规模战事，天下承平日久，人物繁阜。康熙发现，很多地方的粮食价格高涨，完全没有下跌的趋势，有人认为是酿酒消耗了太多粮食，导致价格上涨；还有人认为是不良商贩囤积居奇，想趁机大捞一笔。这些说法固然有一些道理，却不是根本原因。经过认真调查与思考，康熙得出结论："生齿日繁，闲人众多之故耳。"人口太多，粮食消耗量大，需求旺盛，供给有限，价格岂能不高？！

1712年时，康熙对大学士等人提到这样一件事：他以前到地方视察，发现有的人家里有五六个男丁，却只有一个纳粮；有的家里九个、十个男丁，也只有两三个纳粮，其他人都干什么呢？一问百姓，回答说："蒙皇上弘恩，并无差徭，共享安乐，优游闲居而已。"就是托皇上洪福，另外几个人在家里玩，没什么事做。人口过多，土地资源有限，就连云贵川等受三藩之乱破坏最严重的地方，也是"人民日增，开垦无遗。或沙石堆积，难于耕种者，亦间有之。而山谷崎岖之地，已无弃土，尽皆耕种矣。由此观之，民之生齿实繁"，能开垦的地方都已经开垦，不能开垦的地方也已耕种，粮食产量就这么多，工作岗位也有限，长此以往，老百姓的生计难有着落，分到的资源越来越少，必然会酿成大规模动乱。

步入晚年，康熙勤勤恳恳一辈子，也开始出现了职业倦怠，希望能躺平，想着天下的事越少越好，他说："今天下太平无事，以不生事为贵。兴一利，即生一弊。古人云'多事不如少事'，职此意也。"对官员们的要求也没有以前那么高了，犯了错也就是小小惩戒，他在1711年时讲，"治天下之道，以宽为本。若吹毛求疵，天下人安得全无过失者"，"驭下宜宽，宽则得众。为大吏者，若偏执己见、过于苛求，则下属何以克当"。强调一个"宽"字，对待下面的官员，要宽和，要仁慈，不能苛求。

在老皇帝这样的心态下，康熙末年的吏治逐渐败坏，各地的财政亏空越发严重，贪污腐败横行，弄虚作假比比皆是，这成为日后雍正上台亟须整顿的关键点。1710年，御史参劾户部尚书希福纳等侵贪户部内仓银六十四万余两，牵连官员一百多人。康熙不是痛定思痛，对这些人倒查十年、二十年，而是说："朕反复思之，终夜不寐，若将伊等审问，获罪之人甚多矣。"想到这些烂事，他整夜都睡不着，最后竟然一放了之，只把主犯给革职了，其他人不过赔款处分。他这个老好人是做了，百姓自然就遭殃了，官员们一想，反正圣上仁慈，我们多搜刮点又不会掉脑袋，何乐而不为。

对于直接威胁，甚至挑战清朝统治的言行，康熙皇帝都会坚决予以打击，只是在他晚年，打击力度会比雍正以及乾隆要轻些。1711年，左都御史赵申乔举报翰林戴名世在其作品《南山集》中，引用了方孝标的《滇黔纪闻》一书中南明三王的年号以及事迹，原话是："倒置是非，语多狂悖。"康熙得知后大为不满，南明那几个政权存在的时候，已经是顺治年间了，戴名世做清朝的翰林，写那段时间的历史，不用顺治年号，不以清朝为正统，却把南明当作正统，还和蜀汉、南宋类比，根本无法容忍。最后的处理结果是戴名世被处斩，对已过世的方孝标开棺戮尸，将两家族人流放宁古塔，那个年代，流放宁古塔和死刑也差不了多少。本来刑部的处理意见更狠，三百多涉案人员都要人头落地，康熙手下留情，没有牵连太广，但他在告诉人们，胆敢不认可清朝统治的人，必然会付出沉重代价，哪怕是在字里行间有所影射，也断然不会轻易放过。

到这里，我们可以稍微总结一下，这位日薄西山、即将油尽灯枯的"公司"董事长，身上都具备哪些特点。从家庭方面看，母后薨逝、皇子纷争使康熙饱受感情方面的摧残，精神受到沉重打击，尤其是孝惠章皇后的去世和太子胤礽的两立两废，他渴望理解，渴望安宁，渴望陪伴，不喜欢家族纷争。从治国理政方面看，晚年的康熙变得因循懈怠、驭下过宽，面对人口压力、吏治败坏等现实问题，他虽然有所察觉，却没有年轻人那种大刀阔斧、兴利除弊的决心了，但只要触碰到他心里的红线，挑战这个政权或者他个人的权力，肯定会坚决予以打击，他需要的接班人，不是和他晚年一样放纵、图省事的皇帝，而是那种愿意当"恶人"，愿意挑战既得利益群体，能够以国家、政权利益为重的改革家。从个人健康方面看，康熙的身体机能逐渐衰退，疾病缠身，家庭和工作上的压力使他的健康状况恶化，直到病逝。他的病情是左右政局、影响众皇子决策的重要因素。

这就是晚年的康熙，也是胤禛这位皇子兼打工人，长年累月要接触、要讨好的老父亲、老领导。其实话说回来，康熙早在1675年的时候，就已经立了太子胤礽，如果太子地位没有动摇，最终顺利登基，根本就不会有胤禛什么事儿。那么胤礽究竟为什么会被立为太子，又是如何被康熙彻底抛弃的呢？

两次被废的太子爷

在康熙年间，清朝这个"家族企业"董事长接班人的"岗位"，是长期有人占据的，而且这一占就是三十多年。在这段时间里，董事长康熙对他倾注了大量心血，可随着时间的推移，两人的关系逐渐恶化，最终以彻底放弃而收场。手握先天优势的老员工胤礽，是如何将一手好牌打得稀烂，直至输掉了地位与未来的呢？

让我们把时间倒回到1674年，这一年，康熙皇帝二十一岁，正值风华正茂，他的皇后赫舍里氏在坤宁宫生下了皇子胤礽，由于难产，她分娩两个小时后便离开人世，留下哭成泪人的皇帝。在此之前，康熙皇帝已经有了六个儿子，其中五个夭折，按照排序，胤礽就成了二阿哥，前面那位是惠妃乌拉那拉氏生下的大阿哥胤禔。尽管在长幼顺序上，胤禔具备先天优势，但是在生母的比拼上，胤礽无与伦比，他的妈妈贵为皇后，乃皇帝的正妻，而乌拉那拉氏只是个妃。按照原先中原王朝的规制，双方地位差了十万八千里，一个是嫡子，一个是庶子。

1675年，康熙皇帝册立仅仅一岁多的胤礽为太子，这么小的孩子，能够当上皇位储备人才，肯定不是由于他有多么优秀，依靠的当然是先天因素。康熙皇帝是出于什么样的考虑，将这位学龄前儿童封为储君的呢？看看清朝前面三位皇帝，太祖努尔哈赤凭借十三副铠甲起兵，栉风沐雨，惨淡经营，才建立起基业；太宗皇太极没有当过太子，他是各大势力开会推举出来的；世祖福临同样也没有当过半天太子，他当时才六岁，是多尔衮与豪格两大势力妥协的产物。即便康熙皇帝自己，也没有做过储君。回首往事，会发现

康熙的第一任皇后孝诚仁皇后赫舍里氏

清朝自努尔哈赤以来，压根儿就没有立过太子，皇位最终花落谁家，很多时候取决于各方势力的妥协平衡。怎么康熙皇帝偏偏要一反常态，推胤礽上位呢？

首先，我们来看当时的背景，1675年这一年，正值三藩之乱肆虐的关键时刻，西南、中南地区硝烟弥漫、战火纷飞，清王朝的统治面临巨大威胁，为了稳定人心，告诉广大臣民，江山后继有人，即使哪天他不幸死于叛军之手，清朝的天下依然有主心骨，康熙决定册立太子。胤礽与胤禔最大的区别，就在于他是嫡长子，当然，满人并不看重所谓的嫡长子继承制，谁能力出色，可以把家业做大做强，谁就是值得托付的接班人。

嫡长子身份纯粹是先天因素决定的，并不能够保证候选人具备良好的品行、能力，假如这嫡长子是晋惠帝司马衷那样的"天才"，那究竟是让他接班还是不让他接班呢？但是在中原汉地，嫡长子继承制的影响力非常大，明朝皇帝基本上都遵循了这一原则：为了坚持"我爸就是我爸"，嘉靖皇帝与朝臣爆发了大礼议之争；为了将心爱的儿子朱常洵扶上太子之位，万历皇帝与大臣们冷战多年。康熙此时通过嫡长子继承制选择接班人，好比入乡随俗，更能够获得汉族士大夫的支持。少数民族统治中原，除了金戈铁马，也要增加文化制度

方面的认同，仅仅依靠武力难以长久，元朝就是最近的例子。康熙直接通过诏书确定接班人，也是对原先八旗旗主碰头确定一把手这一做法的纠正，他希望不断强化君主个人的最高权力，消除干涉、掣肘皇权的力量。

小胤礽一天天长大，康熙决定倾注所有心血进行培养。

具体该怎样操作呢？名师出高徒，老师的选择至关重要，李光地、熊赐履、张英等当时的名儒，都给皇太子上过课，康熙皇帝甚至亲力亲为，直接参与教导胤礽，考查功课。从学习内容看，不仅包括四书五经等文化课知识，还有满族人向来重视的骑马射箭本领，"告以祖宗典型，守成当若何，用兵当若何，又教之以经史，凡往古成败，人心向背，事事精详指示"。从学习强度看，那是相当恐怖的，早上5点就要开始学习，课本里每个章节要背120遍，当然，休息的时间也比现在要早，到19点以后基本上就没有安排了。在家长康熙皇帝和师傅们的苦心教导下，胤礽成长得非常快，八岁就可以开弓，四书五经更是如数家珍。二十多岁帮助父皇处理政务，得到满朝文武的普遍赞誉，这段时间父慈子孝，属于两人的蜜月期，多年后他们回忆这段岁月，想必也会感受到幸福和温暖。

"胤礽不法祖德，不遵朕训，惟肆恶虐众，暴戾淫乱，难出诸口，朕包容二十年矣。"1708年九月，在宣布废黜太子的历史性时刻，康熙皇帝开场就讲了这句话，忍了胤礽二十年，现在终于爆发了。含着金汤匙出生的皇太子，天下迟早是他的，按理说应该处理好和父亲兼领导的关系，怎么会走到这一步呢？让我们听听康熙怎么说。

罪状一，胤礽这个孩子不够孝顺。由

皇太子胤礽

于母亲去世得过早，身份、地位又很高，康熙对胤礽过于宽容、溺爱，长此以往，他就认为父皇的付出都是理所应当的，心里并没有多少感激之情。康熙御驾亲征期间，由于日理万机，前线的工作又十分忙碌，身有不适，就把皇太子胤礽和皇三子胤祉从宫里面召到大营。正常来说，身为皇子，听说父皇生病了，不说痛哭流涕、号啕大哭，心里至少应该难过才对。然而令康熙寒心的是，胤礽大老远过来，跟个没事人一样，完全看不出他有半点忧伤的神情。皇帝一怒之下，直接让胤礽滚回京城，从哪来回哪去。

罪状二，胤礽对兄弟不太友爱。1708年，皇十八子因病去世，皇帝遭遇丧子之痛，心里别提有多难过，阿哥们心里想什么，外人不知道，至少脸上是很忧愁的，看上去是亲兄弟去世的样子，可皇太子胤礽却"毫无友爱之意"，康熙说了他几句，胤礽不但顶嘴，还火冒三丈，这下可把康熙气得不轻。再往前，胤礽还对四阿哥胤禛施加过暴力。对父亲尚且没有多少爱心，更不要说这些异母的兄弟了，兄弟们都是他潜在的竞争对手，想要取太子之位而代之的，胤礽待他们怎么可能会有好脸色？

罪状三，奢侈腐化。到康熙中后期，清朝入关不过六七十年，与李自成、张献忠、南明政权、三藩之间的战争已经结束，经过康熙二十年以来的励精图治，社会经济有所恢复，物质生活也慢慢充实起来，但远远没有达到足以追求奢侈的地步。不崇尚节俭、铺张浪费，这样的政权难以长久，隋炀帝就是典型的例子，洛阳城的宫殿，运河上的龙舟，何等气派，却耗尽了民脂民膏，丧尽了民心军心。康熙皇帝是以勤俭为美德的帝王，胤礽正好相反，一切得之太易，极尽奢侈，使用物品的奢华程度远超其父，但心里仍然不满足。他每次跟随康熙视察地方，都借机勒索地方大员及其下属，地方官们一个个都敢怒而不敢言。各省的银子他惦记，北京的也不放过，内务府总管凌普就是胤礽奶娘的丈夫，这样的人事安排，用意非常明显，就是方便胤礽获取库币供其挥霍。

罪状四，仗势欺人。胤礽有个爱好，特别喜欢凌辱甚至鞭挞别人，康熙和皇太后他是没有胆量去打的，但是诸王贝勒、大臣官员、普通士兵、太监奴仆，被打的就相当多了。受害者中，留下名字的就有平郡王纳尔苏、贝勒海善、镇国公普奇，各层级都有。在打人这一点上，胤礽可真是做到了雨露均沾、一视同仁，不管地位有多高，后台有多硬，只要不是皇帝、太后以及他打不着的人，想揍就揍。官员们被太子打了，大多选择忍气吞声，只要敢抱怨，被胤礽知道了，他就会变本加厉。即使告了御状，康熙也不大可能因为这种事就把太子废了，因此告御状者寥寥无几。

罪状五，结党谋权。如果说上述四点主要是个人品行方面的缺陷，康熙还能够勉强容忍，那么这最后一条就是皇帝万万不可接受的。在上一节我们就分析过，康熙是不允许任何潜在威胁出现的，晚年即便右手无法写字，都不肯像明朝那样设置个秉笔太监，帮自己写写"知道了""准奏"这样的文字，越是英明的、年老的帝王，权力欲越重。在最初的时候，康熙有意树立胤礽的权威，他穿的衣服、使用的物品、享受的礼节，都和普通皇子存在巨大差异。每逢重大节日，群臣不仅要向皇帝行三跪九叩大礼，结束后还得跑到东宫去行二跪六叩之礼。在发现明珠及其党羽佛伦、余国柱等人排挤打压支持太子的大臣之后，康熙就毅然决定免去明珠的大学士之位，不再予以重用，佛伦、余国柱等人也被革职，为的就是稳固太子的地位。可太子再尊贵，终究只是太子，不是皇帝，如果胆敢等同甚至凌驾于君主之上，皇帝绝不可能容忍。1694年，康熙率领皇子们在奉先殿祭祀，礼部为了讨好太子，将胤礽的拜褥放在门槛之内，而按照制度，只有皇帝的拜褥才有资格放在那里。康熙见状，要求礼部尚书沙穆哈改正错误，沙大人面有难色，担心太子得知后不高兴，就要求康熙把此旨载入档册，这样胤礽要是提出不满，他沙穆哈就可以说是皇帝的意思，并非他的主意，有文件为证。但这点小心思，岂能瞒得过康熙，他二话不说，立刻下诏将沙穆哈免职。

随着越来越多的人团结在太子周围，康熙皇帝警觉起来，这些人有组织、有力量，万一哪天谋朝篡位，效仿李世民来个玄武门之变，逼自己退位怎么办？他决不能允许这股势力存在。康熙先是将"太子左右用事者置于法"，后来又亲手除掉了太子党骨干索额图。身为索尼的儿子，索额图支持太子无可厚非，他曾经倡议，只要是皇太子的服饰，一概使用黄色，仪注也要和皇帝基本相同。康熙一看，这要是批准了，胤礽都快和自己平起平坐了！怒批道："骄纵之渐，实由于此，索额图诚本朝第一罪人也！"与此同时，他还下令"诸臣同族子孙在部院者皆夺官"，来了个一网打尽。

如此打压之下，康熙、胤礽父子间的关系开始恶化。为了发泄心中的负面情绪，胤礽不孝顺父亲、不善待兄弟，对臣子、仆人拳打脚踢的行径，自然是更加频繁、恶劣了。1708年西巡途中，康熙忍无可忍，终于痛下决心废黜太子，他说："若以此不孝不仁之人为君，其如祖业何？"还说："太祖、太宗、世祖之缔造勤劳，与朕治平之天下，断不可以付此人。"由于太激动、太忧伤，几十年的努力付之东流，康熙精神崩溃，边骂边哭，最终昏倒在地上。返京之后，康熙仍然愤懑不已，连续六个晚上睡不着觉，召见亲密大臣过来诉说衷肠，听着听着，大臣们也都泪流满面。这一年九月十八日，康熙祭告天地宗庙、社稷，诏告天下，正式宣布废黜太子，加以拘禁。他自责道："不知臣有何辜，生子如胤礽者，秉性不孝不义，为人所不为，暴戾愆淫，至于斯极。"翻译成白话文就是：苍天啊！我到底造了哪门子孽，生了胤礽这样的儿子！

康熙与废太子几十年的情缘，真的能一刀两断吗？显然是不能的，仅仅过了半年左右，老百姓惊讶地发现，几个月前还被皇帝骂得狗血淋头的胤礽，竟奇迹般地复位了，再次当上了储君。康熙冷静地想了想：一方面自己内心深处还爱着胤礽；另一方面，太子之位空余，皇子觊觎之心已起，往后将永无宁日。怎样使皇子们安静下来，乖乖接受命运的安排呢？那还是得采取嫡长子继承制，立嫡立长不立贤，嫡长是先天的，后天改变不了，一个人贤能与否，公说公有理，婆说婆有理，莫衷一是，大家都认为自己本事大，尔虞我诈不就来了？

按理说，经历一次被废，从天堂到地狱，胤礽总该老实点了吧？可惜江山易改，本性难移，复出后的胤礽依旧我行我素。他继续仗势欺人，身边的侍卫们受尽凌辱，夜夜啼哭，痛诉主子的种种非人行径；他继续奢侈腐化，常常派遣家奴到经济发达地区，以太子的名义勒索各类财物。其日常的饮食、服饰、陈设等，均超过皇帝。对此，康熙处处迁就，相信儿子以后会好起来的，对于胤礽想要责备的人，康熙无不责备；对于胤礽想要赶走、处分的人，康熙也都没有放过，不过胤礽想杀的人，他没有都杀了。面对这样的局面，大臣们感到为难，完全跟着皇帝吧，不顺着太子的意思，以后他登基了没有好果子吃；跟着太子吧，未来的金钱、官职有戏了，但未必能够活到太子登基。部分官员选择了另一条路，两边都不站，那么重要岗位永远轮不到他们。

太子党死灰复燃了，党羽有步军统领托合齐、兵部尚书耿额、刑部尚书齐世武、都统鄂善等，其中不乏六部尚书这样的朝廷大员，嗜权如命的康熙岂能容忍？他为这些人感到不值，这些人都是他一手提拔的，现在全投靠了太子，意欲何为？托合齐入狱一年后，因病去世，康熙将他挫骨扬灰，不准收葬；耿额被活活绞杀；齐世武也死于非命，根据《清史稿》记载，齐世武被判处绞刑，而清末民初的李岳瑞则在《悔逸斋笔乘》中披露：齐世武被人用铁钉固定在墙上，鬼哭狼嚎数日而死。康熙对太子党成员的处分不可谓不狠，简直是灭绝人性，对于威胁到皇权的人，绝不会有半点同情。就在这关键时刻，胤礽还说出了那句经典的感叹：自古以来，哪有当四十年太子的？他发这番感慨是很不明智的，希望父皇早点驾崩，自己尽早接班，那种急不可待的心情暴露无遗。无论换作谁是康熙，恐怕都无法容忍。

1712年，康熙下旨："皇太子允（胤）礽，自复立以来，狂疾未除，大失人心。祖宗弘业，断不可托付此人。""如此狂易成疾，不得众心之人，岂可付托乎？故将允（胤）礽仍行废黜禁锢。"这是胤礽第二次，也是最后一次被废，从此退出政治舞台，只能在咸安宫聊度余生。"有的人活着，他已经死了"，二度被废的胤礽就属于这种情况，他的人生已经完全失去了希望。

立下战功的大阿哥

胤礽倒台了,老皇帝接班人的岗位出现了空缺,按照原有的选拔规则,大阿哥是第一顺位候选人。几十年来,老大一直在盼望着这一天,为了能够顺利替补胤礽,大阿哥之前做过哪些努力?在具体的竞争方法上,他又是如何引起康熙的强烈不满,以致枪打出头鸟,主动争取又黯然收场的呢?让我们一探究竟。

看过电视剧《康熙王朝》的朋友们,对其中一位角色肯定有深刻的印象,那就是高田昊扮演的大阿哥胤禔,此人英俊潇洒、仪表堂堂,在西征战场上立过军功,一度得到康熙皇帝的赏识与厚爱,可惜卷入九子夺嫡的斗争中,他的极其恶劣的言论,使康熙皇帝深恶痛绝,落得个身败名裂的下场。那么在真实的历史中,胤禔又是怎样的一个人呢?

说到大阿哥,首先就得提一提他的名字。

根据张玉书、陈廷敬等编撰的《康熙字典》,"禔"的主要含义是"福也,安也",康熙皇帝熟读传统典籍,给皇子取名,希望小孩子一生多福,一生平安,而"禔"字就体现出一个父亲对儿子的良好祝愿。

在皇子中,胤禔有一个得天独厚的优势,他是康熙皇帝的大阿哥。其实,这里的大阿哥并非简单指出生顺序，胤禔来到人世前，康熙有过四位皇子，如果把他们全算上，胤禔只能排老五。那为什么还称他为大阿哥呢？这是因为四位兄长都在一两岁时就不幸夭折了，在长大成人的皇子中，胤禔排行老大，所以是大阿哥。胤禔出生两年后，他一辈子嫉恨的对象胤礽也出生了，而且刚过周岁便被立为太子，以后必然会登上人生巅峰。这下好了，胤禔明明年龄更大，是胤礽的哥哥，却要卑躬屈膝地给弟弟行礼，原因仅仅是胤礽是正宫娘娘生下的孩子，自己是惠妃生的。兄弟二人比拼的不是他们自己，而是妈妈的地位，"子以母贵"在这里体现得淋漓尽致。面对命运及父皇的安排，胤禔别无选择，只能乖乖行礼。

在电视剧《康熙王朝》中，大阿哥武艺高强，年纪轻轻就被康熙派到福建打仗，一开始取胜，后来贪功冒进，吃了败仗，把整个福建水师都赔进去了，还要地方官给他背黑锅。陈道明扮演的康熙皇帝，读到"全军大败，唯有胤禔有勇有谋"的奏折，当即生疑：这是大阿哥能干出来的事？他哪有这般本领？在史书中，根本就没有胤禔去福建打仗，与施琅刀兵相见的记载。他出生于1672年，而清朝平定郑克塽集团是在1683年，即便朝中再无人，再缺乏优秀的将领，也不至于派个十岁的小孩儿去前线作战，所以胤禔的这段经历完全是编剧根据需要杜撰的。

至于征讨噶尔丹，大阿哥的确参与了，分别在1690年与1696年。第一次随驾出征，胤禔十八岁，初出茅庐，被父皇委派给裕亲王福全当副将，由于太年轻，听信手下谗言，和福全产生了矛盾，康熙决定把胤禔召回京师，但也没有给他什么处分。1696年，胤禔又一次随驾远征，跟索额图一起统领八旗先锋、汉军火器营等部队，在昭莫多大败噶尔丹，立有战功。事后，皇帝还特意让胤禔留下犒劳征战士兵，对他表现出极大的信任。电视剧中，有大阿哥亲自走到噶尔丹面前，当着格格蓝齐儿的面，把噶尔丹活活捅死的情节。不过，在历史上，噶尔丹并没有死于大阿哥之手，他是兵败后患病而亡的。

1698年，康熙给胤礽之外的部分皇子封爵。大阿哥胤禔和皇三子胤祉是唯二获得王爵的皇子，二十七岁的胤禔被封为多罗直郡王，三阿哥胤祉被封为多罗诚郡王。此时的胤禔，既是年龄最大的哥哥，也是沙场上证明过自己的勇士，传教士白晋曾说："皇上特别宠爱这个皇子，这个皇子确实很可爱。他是个美男子，才华横溢，并具有其他种种美德。"第二年，十三阿哥胤祥的生母去世了，被追封为敏妃，丧期还没有到百天，胤祉就迫不及待地把头给剃了，此举有违礼法、孝道，康熙很生气，后果很严重，直接把胤祉从郡王降为贝勒，王府里长史以下人员都受到了不同程度的处罚。胤祉这次剃头，代价也太高了，教训极其沉痛。这也间接帮助胤禔成为众阿哥中唯一的王爷，比胤礽地位低，相比其他弟弟又显得鹤立鸡群。1700年，胤禔跟随康熙视察京畿永定河工程，并负责疏浚治理，后来又被派往西岳华山求雨。这个时期的大阿哥，算是人生最得意的阶段：领导信赖，事业有成。

眼前的一切，还不足以使胤禔心满意足，他想要君临天下，最大的障碍就是胤礽。怎样才能除掉太子爷呢？胤禔找来喇嘛巴汉格隆，让他用魇镇之术诅咒胤礽，希望太子早死，把位子空出来，这样自己就有机会取而代之。可惜迷信就是迷信，无论巴汉格隆怎么作法，胤礽都毫发无损，只是和康熙的关系越来越差了。十八阿哥胤祄去世后，胤礽毫无悲伤之情，康熙皇帝见状彻底爆发，屡屡责骂太子。胤礽心里也很忐忑，每到夜里，就会跑到康熙住所附近向里面偷窥，想知道父皇在做什么，心里的怒火消了没有，此举正好被负责保卫工作的胤禔看到了，窥伺圣躬，意欲何为？抓到这么好的材料，胤禔赶紧向皇帝汇报。康熙听完高度紧张，胤礽这是什么意思？想要给索额图报仇？一段时间内，康熙寝食难安，不是害怕今天被灌毒酒，就是担心明天遇刺，惶惶不可终日。胤禔借题发挥，成功扩大了皇帝与太子间的矛盾。

渐渐地，皇帝觉察到大阿哥有当太子的想法，胤禔立即表示绝无此意。没错，太子是被废了，他胤禔是庶长子，按照儒家那套理论，有嫡立嫡，无嫡立长，应该轮到他胤禔了。既然当初立胤礽的时候，皇帝遵循了规则，而且一个周期就是三十多年，现在也不能例外。但事情恰恰就没有如胤禔所愿，在康熙他老人家心目中，大阿哥是有硬伤的，胤禔"秉性躁急愚顽，岂可立为皇太子"，急躁、愚昧、顽劣，死了这条心吧！见自己凉凉了，胤禔就上奏说："胤礽所行卑污，大失人心。相面人士张明德曾相允（胤）禩，后必大贵，今欲诛允（胤）礽，不必出自皇父之手。"哥哥竟然想杀弟弟，完全不念手足之情，这比胤礽的言行还要恶劣。十八阿哥病危，胤礽顶多像没事儿人一样，也没说弟弟病得好，赶紧死，甚至要把弟弟杀了。反观胤禔，那是冷血到极点了，想凭借杀人赢得父皇的好感。康熙闻言大怒，自己怎么生了这么个狼心狗肺的儿子？！胤祉见大阿哥把皇帝惹火了，顺便把他诅咒太子的事情也揭发出来了，康熙一怒之下，给胤禔来了个数罪并罚，不但褫夺了他的爵位，还下令将他幽禁。

康熙给的判决书是这样写的："大阿哥允（胤）禔，素行不端、气质暴戾，朕尝对众屡加切责，尔等俱悉闻之。九月初四日谕旨内，亦曾决绝言之。今一查问，其行事厌咒亲弟及杀人之事，尽皆显露。所遣杀人之人，俱已自缢。其母惠妃，亦奏称其不孝，请置之于法。朕固不忍杀之，但此人断不肯安静自守，必有报复之事。当派人将允（胤）禔严加看守，略有举动，即令奏闻，伊之身命犹可多延数载。其行事比废皇太子允（胤）礽更甚，断不可以轻纵也。"即使落马了，康熙料定胤禔仍不会安分守己，心里必定是蠢蠢欲动，严加看管就成了必由之路。古代没有监控摄像头，要是有的话，康熙肯定让人把胤禔府邸的每个角落都装一个，让他的所作所为都在掌控之中。

1709年四月，康熙准备巡视塞外，临行前，考虑到大阿哥胤禔曾带过兵，如果有人把他解救出来，召集旧部闹事，后果不堪设想。遂下了一道谕旨："大阿哥镇魇皇太子及诸阿哥之事……并不念及父母兄弟，杀人害人，毫无顾忌……倘万一事出，朕在塞外，须两三日后始闻知，必致迟误。"大臣们急忙商议，最后决定派八旗护军参领八人、护军校八人、护军八十人，到胤禔府中严加看守。如此安排，康熙还不放心，又加派了贝勒延寿、贝子苏努、公鄂飞、都统辛泰、护军统领图尔海、陈泰，还有八旗章京十七人，轮番监视，玩忽职守者，诛灭九族。其实康熙是高估了胤禔，他哪里有这么强的本领。提防越严，说明皇帝对大阿哥的痛恨越深。一个曾经才貌双全的好儿子，由于权力的扭曲，最后变成了"不谙君臣大义，不念父子至情"的冷血怪物，"天理国法，皆所不容"，被康熙皇帝彻底放弃，从此再也没有翻身。

大阿哥最后的死亡时间，电视剧《康熙王朝》中没有交代，这是正常的。因为大阿哥1734年去世，享年六十三岁，比康熙皇帝晚了十几年。他病故后的次年，雍正皇帝也驾崩了。在人生最后二十六年里，大阿哥的人生的确很悲剧，既没有爵位，也没有官职，连人身自由都荡然无存了。雍正得知他的死讯，命令按照固山贝子的品级安葬，算是给了点儿恩惠。虽然事业上不咋地，但是在生儿育女这方面，胤禔很幸福。他一辈子共有二十九个子女，其中有二十个是在他落马后出生的。他的幼子弘屯，生于1732年，此时胤禔已经年过六旬了。看来过于乏味的生活，让这位昔日的大阿哥只好醉心于床笫之欢了。

胤禔政治生涯失败的原因，首先是他一心扑在组织、参与迷信活动上。像诅咒这种下三烂的招数，明显是旁门左道级别的，发挥不了作用不说，一旦被人发现，那就是无法挽回的恶名，使个人声望急剧降低，在皇帝与大臣们心中的人设瞬间土崩瓦解。其次是大阿哥为了个人利益，突破道德的底线，打着为康熙好的幌子，想要杀死胤礽，康熙作为父亲，难道不知虎毒且不食子的道理吗？真要杀了儿子，自己岂不成了昏君？这种毫无底线的言论，暴露出其内心对上位强烈的需求感，不但为皇帝所不容，更为其他兄弟所不容，胤祉趁机检举胤禔的魇镇行为，便是明证。最后是大阿哥做人沉不住气，盼星星盼月亮，终于等到了胤礽被废的这一天，但是他急不可待，在康熙还没有处理完胤礽的时候就跳出来，又是想上位，又是推荐好兄弟，使康熙感到厌烦。要是他能够保持冷静，等胤礽的事告一段落后再行动，没准儿还有机会。

朝臣拥戴的八阿哥

如果把康熙后期的朝堂比作职场，八阿哥胤禩就属于先天资源非常有限的一般员工，都说子以母贵，但老八的生母地位极其普通。排行第八这个长幼顺序，也很一般，既不靠前也不靠后。想要在清朝这个"家族企业"的董事长接班人争夺战中取胜，老八这样的草根员工该如何发挥，才能获得董事长的肯定呢？

在人们的印象中，与康熙皇帝的其他阿哥相比，八阿哥生母良妃卫氏的出身是最不堪的，和其他嫔妃家长动不动就是高官显宦、世家大族相比，有着与生俱来的差距。这种说法实际上存在误区，卫氏出身于辛者库家庭，并非就表明她出身低微，卫氏的爸爸觉禅·阿布鼐，担任内管领，属于五品官，其祖上世代居住于佛阿拉地区，那可是清太祖努尔哈赤起兵时长期活动的地方。到清太宗天聪年间，阿布鼐的爷爷瑚柱投靠了后金政权，担任膳房总领，也就是服务皇家餐饮的工作，瑚柱的儿子都楞额，孙子都尔柏、阿布鼐，都当过内管领，可见人家里世世代代就是干这行的，与皇室的距离比较近，属于内部服务人员。

卫氏的家庭出身虽然没有高到哪里去，和一品、二品大员没有可比性，但与平民比，那已经相当可以了。卫氏入宫也符合皇家规定的程序，她本人在颜值，还有各类素质方面都具备一定的优势，否则也难以脱颖而出，得到服侍皇帝的机会，更何况康熙这个人嫔妃还如此之多。她比康熙皇帝小八岁，十四岁那年进宫，二十岁生下了八阿哥胤禩，但直到三十九岁才被封为良嫔，这说明在原先二十多年的时间里，卫氏的名分应该是贵人、常在、答应之类的，长期处于后宫食物链的底端。入宫多年，自始至终也只生过胤禩一个孩子，从这两点推测，卫氏所得到的宠爱偏少，处境并不乐观。

由于生母地位低，八阿哥胤禩小时候由其他娘娘抚育成长，先是由大阿哥胤禔的母亲惠妃乌拉那拉氏抚养，稍微长大点儿，由孝懿仁皇后佟佳氏抚养。由于这层关系，胤禩和皇长子胤禔的关系必然更近，这也为日后他被老大不当言论牵连埋下了伏笔。由于母亲地位较低，胤禩虽然贵为皇子，为人处世并不高调，平时和善待人，不拘泥于身份地位的差别，学习也较为努力，人们对他的印象普遍较好，因此广受赞誉。康熙皇帝御驾亲征期间，胤禩虽然年龄不大，只有十五六岁，仍然完成了看守营地的工作，没有给大军拖后腿。而且在武功方面，胤禩也具备一定的骑射能力，康熙在西征期间给皇太子胤礽的上谕中，曾提到胤禩跟随大阿哥、三阿哥一起狩猎，胤禩年龄最小，打到的猎物却与两位哥哥一样多。

1698年，康熙首次大封诸皇子，其中大阿哥、三阿哥被封为郡王，四阿哥、五阿哥、七阿哥、八阿哥被封为贝勒，八阿哥又是其中年龄最小的，这充分说明了胤禩的优秀，像平时在职场中，人们普遍关注的也是这样的个例，如谁谁谁是最年轻的中层干部，谁谁谁是最年轻的副总，在中国人的传统观念里，人在更小的年龄，达到了更高的职位，属于年轻有为，日后更有机会比适龄的、超龄的干部升迁到更高的职位。在这个阶段，胤禩又多次受到康熙指派，负责一些临时性工作。比如出塞时与皇三子一同办理政务，帮助裕亲王福全料理广善库、重建东岳庙等。而这一时期，康熙与太子胤礽之间的矛盾，也逐渐向公开化、激烈化、复杂化发展。

爆发的这一天终于来临了。1708年,康熙出巡途中,由于皇十八子胤祄去世,太子胤礽的表现毫无友爱兄弟之情,使刚刚经历丧子之痛的康熙大为不满,积攒了多年的怨气,终于彻底释放。胤礽被废了,这位嫡长子继承制的受益者,总算是走下了神坛,众位皇子见状都跃跃欲试,幻想着自己有一天能够君临天下。内务府总管原本由胤礽奶娘的丈夫凌普担任,如今主子都倒了,大靠山崩塌了,他这个总管自然也当到头了,康熙下旨免去了他的职务,由胤禩出任内务府总管,这说明这时康熙对八阿哥是认可的。不过,由于远在京城,胤禩对皇帝身边到底发生了什么事情并不是特别了解。

不知道是急于表现,还是真的幼稚,大阿哥对康熙说:"胤礽所行卑污,大失人心。相面人士张明德曾相允(胤)禩,后必大贵,今欲诛允(胤)礽,不必出自皇父之手。"听罢此言,老皇帝的反应就是两个字——"惊异",在康熙眼里,他看到的不是老大的忠心,而是一个急于当上太子,想要杀死同父异母的亲兄弟的禽兽。同时,他怀疑胤禩与大阿哥是一伙的,否则大阿哥在自己没有机会后,为什么不推荐其他阿哥,偏偏要提胤禩呢?而且他们更有可能是要合谋除掉胤礽。想到这里,康熙不寒而栗,原来皇子间早就形成了团团伙伙,准备围绕着储君之位大干一场。因为受老大的连累,胤禩在康熙心目中多年形成的良好印象一落千丈,他也将和胤礽、胤禔一道,接受父皇的末日审判。

之前康熙曾安排胤禩审讯前任总管凌普,此人贪婪成性,大量财产来源不明,这几乎已经是公开的秘密了,原先由于他和胤礽的

八阿哥胤禩

关系，没有查办他，现在胤礽倒台了，秋后算账是必须的。然而，八阿哥为了收买人心，对凌普一而再地重罪轻罚，判决结果出来后，不仅凌普感激涕零，其他原太子党的成员也对老八产生好感，认为胤禩宽宏大量、心胸开阔。这一切，康熙都看在眼里，他当时就十分纳闷，胤禩这样做，意欲何为？难道《大清律》是一纸空文？八阿哥想怎么量刑就怎么量刑？等到大阿哥公开推荐老八，康熙才恍然大悟，原来胤禩是在收买人心，把皇帝赋予他的权力，作为讨好别人的恩惠。大阿哥是又直率又愚蠢，八阿哥明显要聪明很多，懂得潜移默化，积累人望。对此，康熙下旨说："八阿哥到处妄博虚名，凡朕所宽宥及所施恩泽处，俱归功于己，人皆称之。朕何为者？是又出一皇太子矣。如有一人称道汝好，朕即斩之，此权岂肯假诸人乎。"怒批胤禩博取名声，把皇帝给别人的恩典，都归功在自己头上，并表示：以后但凡有一个人说八阿哥好，皇帝就把他给杀了！

没过多久，康熙就在紫禁城乾清宫召集众皇子，开了一个批判允（胤）禩的大会。他说："当废允（胤）礽之时，朕已有旨：'诸阿哥中，如有钻营谋为皇太子者，即国之贼，法断不容。'废皇太子后，允（胤）禔曾奏称允（胤）禩好，春秋之义，人臣无将，将则必诛，大宝岂人可妄行窥伺者耶，允（胤）禩柔奸性成，妄蓄大志，朕素所深知。其党羽早相要结、谋害允（胤）礽，今其事皆已败露，著将允（胤）禩锁拏，交与议政处审理。"康熙首先表明了态度，储位是他安排的，不是皇子们自己可以争取来的，他不想给，皇子休想要，敢争就是清朝的国贼，不可能容忍。然后他把大阿哥的言论又说了一遍，当场讲给老八听，批判胤禩生性奸诈，早就有夺嫡的非分之想，对于老八的阴谋，皇帝早就知道了，老八准备和老大一起谋害胤礽，且事情已经败露，现在就要拿下胤禩，好好审查他的罪行。

听完康熙的处理意见，支持八阿哥的胤禟大为不满，对同党十四阿哥胤禵说："尔我此时不言何待？"最年轻的老十四初生牛犊不怕虎，直接就对康熙说八阿哥绝没有夺储位的心思，愿意做担保。听到胤䄉竟然有胆量与自己唱反调，康熙顿时勃然大怒，拿起佩刀就要把十四阿哥给杀了。危险时刻，五阿哥胤祺苦苦抱住康熙哀求。其他阿哥也都跪在地上求情，康熙才稍稍冷静了一点，派人责打胤䄉二十大板，并把他和胤禟一起赶了出去。后来审理张明德，才发现真正有夺位之心的是老大，想借张明德掌握的十六位武林高手刺杀胤礽，见到八阿哥的时候，张明德只说了："丰神清逸，仁谊敦厚，福寿绵长，诚贵相也。"纯粹就是些祝福的话，当谈及刺杀太子的事情时，就被八阿哥给赶走了。所以胤禩就是被胤禔给连累了，并没有夺储之意。尽管如此，康熙仍然将胤禩的贝勒爵位革去，罚为闲散宗室，理由是知情不报，既然已经得知张明德有如此以下犯上的阴谋，身为皇子，没有及时向朝廷、向父皇汇报，也是有过失的。经过此事，明显可以看出康熙对胤禩的印象已经相当之差，"奸诈"这个标签被牢牢贴在了他的脸上，很难再撕下来，老大这波操作使八爷党遭到重大打击。

处理完老大、老八这两人，康熙痛定思痛，决定还是赶紧立太子，以免其他皇子为了争夺储位又折腾，那立谁呢？想来想去，还得是胤礽。三十多年的父子情，不是那么容易割断的，胤礽已经被废了一次，经过大难，对人生、对事业应该有了更多的思考。而且从制度层面看，还是要贯彻嫡长子继承制，用先天条件决定储君，因为先天因素是怎么努力都改变不了的，其他皇子只能认命，乖乖服从安排，这也有利于统治秩序的稳定。可问题也随之而来，胤礽当初就是康熙废掉的，骂他的话说得很难听，这才半年左右，就出尔反尔，又要把胤礽给立起来，皇帝的权威何在？朝廷的权威何在？如此朝令夕改，天下臣民作何感想？对此，康熙决定发扬"民主"精神，由大臣们推举，听听大家的意见，合适的话就通过。他又秘密安排了李光地，到时候借他之口，把胤礽的名字说出来，然后自己就顺水推舟地表示同意。名为推举，实为逢场作戏，康熙的算盘打得特好。

说干就干，康熙召集满汉文武大臣，齐聚畅春园，推心置腹地说："朕躬近来虽照常安适，但渐觉虚弱，人生难料，付托无人，倘有不虞，朕此基业，非朕所建立，关系甚大。因踌躇无代朕听理之人，遂至心气不宁，精神恍惚。国家鸿业，皆祖宗所贻。前者朕亦曾言，务令安于磐石。皇太子所关甚大。"康熙先是卖惨，说最近他身体不好，祖宗的基业还没有确定传给谁，心里难安啊，太子人选至关重要，然后说："今令伊等与满汉大臣等会同详议，于诸阿哥中，举奏一人。大阿哥所行甚谬、虐戾不堪，此外于诸阿哥中众议谁属，朕即从之，若议时，互相瞻顾、别有探听，俱属不可。尔等会同大学士、部院大臣，详议具奏，著汉大臣尽所欲言。"意思是人选由大家推举，谁的呼声最高，他就准奏，但也特别提出，大阿哥这个人不咋地，必须排除在外，其他人你们随意。

这出戏一唱，把在场的大臣们都整不会了，以前皇太极、顺治乃至康熙，都是军功贵族们开会拥立的，现在又开会了，但已经多年没开过了，许多人都没有经验。而且与之前不一样的是推举的只是储君，皇帝大权在握，他可以否决臣子们的想法。满汉大臣都说："此事关系甚大，非人臣所当言，我等如何可以推举？"这么重要的事情，当真听我们这些人的意见？康熙自然连连点头，支持八阿哥的大臣们蠢蠢欲动，一定要把胤禩选上去。阿灵阿、鄂伦岱、揆叙、王鸿绪等人，与众大臣暗通消息，最后将"八阿哥"三个字写在纸上，由内侍梁九功、李玉转奏圣上。

康熙得知胤禩"人心所向"，大为不满，反驳道："立皇太子之事，关系甚大，尔等各宜尽心详议，八阿哥未尝更事，近又罹罪，且其母家亦甚微贱。尔等其再思之。"他明确告诉支持胤禩的大臣们：老八这个人不行，经验不足，最近又犯了罪，生母的地位又低，你们再好好想想！大臣们一瞧，好家伙，老皇帝让我们推举，推出来了他又不满意，无语至极，就说："此事甚大，本非臣等所能定。诸皇子天姿俱聪明过人，臣等在外廷不能悉知，臣等所仰赖者，惟我皇上。皇上如何指授，臣等无不一意遵行。"直接表明了态度：皇上啊，这件事太大了，本来就不是我们臣子可以定的，皇子们都很出色，谁当太子，都听皇上的。康熙又把李光地给喊过来，质问道："前召尔入内，曾有陈奏，今日何无一言？"大意是：光地啊！我交代你的工作没完成呀！说好的当托，怎么最后装聋作哑呢？李光地回奏："前皇上问臣，废皇太子病，如何医治方可痊好。臣曾奏言，徐徐调治，天下之福。臣未尝以此告诸臣。"慢慢治疗，不能急，所以没告诉同事们。眼见天色已晚，康熙只好让大家下班，第二天早点再来。

时间很快就到了，康熙决定摊牌，也不弄什么假惺惺的推举了。直接搬出了太皇太后，她老人家已经去世二十年了，康熙为了自己的政治目的，借尸还魂，说之前西征的时候，他曾梦见过孝庄太后，告诫他不要出兵，否则会徒劳无功，他没听，果然半路生病，乖乖回了京城。后来又一次西征，孝庄太后又托梦于他，说此次战事将取得胜利，但主要功劳不在他这儿，他当时也很纳闷，后来发现费扬古率领的军队斩获最多。康熙举这两个例子，意在告诉群臣，太皇太后的托梦都很灵验，不听老人言，吃亏在眼前。"近日有皇太子事，梦中见太皇太后，颜色殊不乐，但隔远默坐，与平时不同。"康熙说自己最近又梦见孝庄太后了，因为他把太子给废了，老人家特别不开心。之前老大曾经魇镇胤礽，康熙又借题发挥，说胤礽之前干了这么多坏事，都是大阿哥的诅咒造成的，如今老大已经被严格看管，胤礽就可以恢复善良的一面了。最后康熙询问群臣："你们和他是一条心的吗？"这阵仗，谁敢说半个"不"字，恐怕话音刚落就直接拖出去斩了。听到群臣的意见，康熙悬着的心总算放下了，推举成功，胤礽复位。

看到有那么多大臣联名支持老八，康熙不由得警惕起来，他不容许存在任何势力能够威胁到皇权。这里面既有纳兰家族的、钮祜禄家族的、佟国维家族的，还有汉族大臣的势力，在他们眼里，都认为老八才是最合适的，岗位契合度远远超过那位被废的太子爷。经调查，认定佟国维，还有大学士马齐，是组织推荐八阿哥的总后台。作为惩罚，前者被康熙训斥，后者被革去大学士，交与胤禩"严行管束",马齐的三弟马武及其族人都受到牵连。这是马齐的宦海人生中,第一次也是唯一一次遭受重大挫折。

1711年,胤禩生母良妃去世了,在五年前的皇室玉牒中,她的身份仍然为嫔,妃位应是康熙四十五年至康熙五十年之间所封,考虑到这段时间并无其他后妃册封的记载,且康熙皇帝之前有过妻妾临终晋封的先例,所以良妃在弥留之际获得妃位的可能性较大,当然,这对治疗并无帮助。次年,胤礽第二次被废,八阿哥认为机会来了,就试探老爸:"我今如何行走,情愿卧病不起。"康熙反应冷淡,认为老八不过是个小小的贝勒,怎么说出这种过分的话来试探?完全就没有兴趣立他。1714年,康熙前往热河巡视,八阿哥由于正值生母三周年忌日,决定去景陵祭祀,没有跟随在皇帝身边。为了表达歉意,老八送了两只猎鹰给父皇。万万没想到,康熙收到礼物时,鹰已经死了,于是他勃然大怒,认为老八是在诅咒自己,说胤禩系"辛者库贱妇所生,自幼心高阴险",把胤禩已经过世的母亲羞辱了一番,怒批老八从小就不是什么善茬。"二阿哥悖逆,屡失人心,允(胤)禩则屡结人心,此人之险,实百倍于二阿哥也!"他将老八和老二做了对比,认为老八比废太子还要阴险一百倍,"自此朕与胤禩,父子之恩绝矣。"经过1708年以来的几场风波,康熙已无意立胤禩为太子。

老八的失败,除了他交友不慎,被老大愚蠢的言论所连累以外,还在于他没有摸透领导兼父亲的心思,一连串的操作实际上都是康熙无法容忍的。父皇不想马上确立接班人,他却明目张胆地去试探:你看我怎么样?康熙权力欲极强,最讨厌拉帮结派,老八拼命收买人心,还让朝臣们推荐自己,使康熙认为朝堂上已经形成了一股以他为核心的强大势力。最后就变成了跳得越高、越早,摔得越狠,康熙无数次批判胤禩,奉劝他趁早死了当太子这条心。胤禩苦心经营的人望、势力,到下一任"董事长"继任后,更加成了新领导的心腹大患,而这也为他的悲剧结局埋下了伏笔。

悄然崛起的十四阿哥

自1708年太子首次被废以来，大阿哥胤禔、八阿哥胤禩这两位选手，都曾向太子储君，也就是皇帝接班人之位发起过冲击，却由于种种问题，都没能如愿，本人也为此付出了代价。老大彻底退出政治舞台，被判处终身囚禁，从此再也没有出头之日。八阿哥胤禩善于收买人心，本身也素有贤名，但生母地位较低。他在群臣中声望高，也使当朝皇帝异常忌惮，在嗜权如命的康熙眼里，全天下只能有一个人深得人望，那就是他自己，其他人收买人心、得到普遍认可，对于他来说就是赤裸裸的威胁。二阿哥胤礽尽管复位了几年，随后还是被康熙再次废黜，只能在咸安宫当他的阶下之囚，虽然生活待遇依然不错，但前途算是完全没指望了。就在这三个人基本歇菜时，十四阿哥胤禵悄然崛起，在康熙末年一度成为流量、话题最多的人物，时至今日，坊间依然有不少观察家认为康熙属意老十四。

胤禵出生于1688年的正月，妈妈是孝恭仁皇后乌雅氏，虽然有皇后的称号，但这个皇后是在雍正朝才封的，因为雍正皇帝胤禛与十四阿哥胤禵同父同母，血缘上两个人的关系是最近的，当时乌雅氏还不是所谓的皇后，封号是德妃，在等级森严的后宫里，地位仅次于皇后、皇贵妃、贵妃。由于颇受宠爱，乌雅氏共为康熙皇帝生下了三子三女，其中胤禵是年龄最小的一个，还是母妃亲自抚养长大的，两种因素叠加，对胤禵那是相当溺爱。四阿哥胤禛尽管也是德妃所生，由于出生时间早，当时德妃连德嫔都还不是，胤禛是由其他地位更高的娘娘养育的，长大后看到亲生母亲如此溺爱十四弟，心里的落差可想而知。

光阴似箭，日月如梭。胤禵一天天地成长起来，老九胤禟曾经说过："十四阿哥聪明绝顶，才德双全，我兄弟皆不如也。"说明在他眼里，老十四的品行、能力都非常不错，至少能够让他自愧不如，从后来康熙皇帝安排他而不是其他皇子去西北打仗，也可以从侧面说明老九所言非虚。虽然年龄并不大，但自幼智商过人的胤禵很受康熙喜爱，从少年时代起，就频繁地扈从皇帝出巡。日常生活中，康熙也往往会给予胤禵一些优待。比如蒙皇帝恩准，享有支取官物的特权，由大内供给一家食用物品。这种做法通常是以一年为限，期满后由皇帝决定是否延续，而延续时间越长，越能体现出皇帝的厚爱，在康熙诸子中，享此殊遇者不止一人，但时间最长的则是胤禵。对于富有四海的康熙来说，给爱子一些吃穿用度，根本就是举手之劳。

1708年，太子胤礽首度被废，大阿哥以庶长子的身份，想要争取储位，被康熙明确拒绝后，又推荐八阿哥胤禩，此举让老皇帝大为不满，认为老八和老大是一伙的，他们想要合谋杀掉胤礽，好取而代之。此时胤禵跟老九胤禟、老十胤䄉一样，都属于老八的跟班。胤禩比胤禵大了七岁，从小就待人友善、学习良好，颇得人心，自然就征服了十四

十四阿哥胤禵

弟的心。皇帝由于老大的言论，在乾清宫怒批老八，胤禵实在看不下去，八阿哥明明是冤枉的，却被父皇一个劲地数落，他"扛着炸药包"冲进去愿意为老八担保，话说得也比较难听。康熙见状，怒不可遏，竟然还有人敢为老八求情，公然与自己作对！抽出佩刀直奔胤禵而去，想要活劈了他，幸亏老五胤祺上前把他死死抱住，其他阿哥也纷纷跪地求情，康熙才勉强息怒，为了以示惩戒，还是命人把胤禵狠狠揍了二十大板赶出宫去。从这件事情，我们可以看出胤禵的个性特征，那就是直率、重情义、关键时刻敢于挺身而出、仗义执言，即使触犯龙鳞也在所不惜，颇有梁山泊那种江湖义气。然而，这里不是江湖，是政治舞台，是红墙深宫，作为政治人物，这样的性格其实并不合适。

同样是激怒了康熙，胤禵与老大得到的处理结果完全不一样。胤禔被康熙视为利欲熏心的衣冠禽兽，余生只配在圈禁中度过。胤禵虽然屁股开花，却于1709年被封为贝子，爵位有了明显提升。更为难得的是，他是这一批封贝子的人员中，年纪最小的。究其缘由，还是康熙皇帝比较看重皇子间的友爱和睦，胤禵虽然和自己对着干，但目的是为了保全兄弟；胤禔则纯粹是为了杀掉兄弟，成全个人的野心。两相对比，胤禵简直太有人性了，与老大截然相反。因此康熙给老十四提升爵位，外出巡视也依然愿意带他，物质上的优待也没有叫停。

太子胤礽第二次被废后，胤禛受"毙鹰"等事件影响，基本上也与皇位无缘了。十四阿哥逐渐成长起来，二十多岁的他，对太子之位也有了想法。他开始广泛联系读书人，提高自己的名望，比如接见大学士李光地的门人、翰林院编修陈万策时，待以高座，呼以先生，完全没有一点当朝皇子的架子，给人感觉就是个礼贤下士、求贤若渴的明主。李光地是理学名臣，康熙皇帝曾向他征询关于太子人选的意见，陈万策受到十四阿哥的优待，必然会告诉李光地，帮助胤禵在皇帝那里美言。官场的看法是，胤禵此举的确体现出他对士人的关心爱护，但这也是有所图的，目标是什么不言而喻。

1718年，西北地区的战事为老十四提供了新机会，准噶尔蒙古大汗策妄阿拉布坦派台吉大策零敦多卜率领军队，从伊犁河谷出发，经和田，由西线进入西藏地区，攻占拉萨，在西藏地区建立自己的统治。消息传到京师，康熙无法接受，西藏北部是青海，东部是四川，东南部是云南，这个地区一旦被准噶尔控制，周边省份都将面临军事压力。况且大漠南北及西北地区的蒙古人都尊奉喇嘛教，如今喇嘛教的中心被准噶尔人控制，清朝也就损失了一个行之有效的统治工具，尽管是精神层面的。为了夺回西藏的控制权，康熙派遣额伦特、色楞领兵出征，没想到被大策零敦多布率军包围，多次突围无果，最终全军覆没。遭遇失败，康熙没有灰心，又调集各地军队十余万，准备再次出兵西藏。因为兵力来源广泛，之前也没有一起协同作战，指挥就成了问题，必须任命一位有足够分量的统帅，使各路军队都能心悦诚服，听从指挥，全力完成朝廷交代的任务。

如果放在二十多年前，康熙就御驾亲征了，可惜英雄迟暮、垂垂老矣，身体已经无法承受高强度的军旅生活，为此，他决定退而求其次，从皇子中间选择一位，封大将军王，代父出征。消息传来，阿哥们都跃跃欲试，就连废太子胤礽也用明矾写信，想让昔日的旧部推荐自己出征，一旦立功，他就有可能东山再起，甚至重新成为当朝太子。可惜并没有成功，他的行为被查出来了，收信人也被康熙惩处。其实，符合条件的阿哥并不多，半只手都数得过来，老大蹲禁闭了，老二被废了，老三年龄太大，老八被皇帝厌恶，老十三被圈禁，排在胤禵前面的其他阿哥，军事能力比较薄弱，后面的要么太小，要么能力不行，除了老十四，康熙真的没有更靠谱的人选。胤禵也非常想抓住这次的表现机会，满人向来重视军功，能一次性消灭几千几万敌人，开疆拓土，这是在短时间内展现才华、征服皇帝及文武百官的最好举措，干别的事情都费时费力且见效慢。

出征之日，康熙予以高规格安排。"用正黄旗之纛，照依王纛式样"，以天子的规格出征，告诉人们大将军王是代表皇帝亲临前线。"出征之王、贝子、公等以下，俱戎服，齐集太和殿前。其不出征之王、贝勒、贝子、公并二品以上大臣等，俱蟒服，齐集午门外。大将军允（胤）禵上殿跪受敕印，谢恩行礼毕，随敕印出午门，乘骑出天安门，由德胜门前往。诸王、贝勒、贝子、公等并二品以上大臣俱送至列兵处。大将军允（胤）禵望阙叩首行礼，肃队而行"。康熙亲自在太和殿主持仪式，文武百官都赶过来送行。身为主角的胤禵，那更是风光无限，骑着高头大马，享受无尽荣光。康熙帝还降旨给青海蒙古王公，说："大将军王是我皇子，确系良将，带领大军，深知有带兵才能，故令掌生杀重任。尔等或军务，或巨细事项，均应谨遵大将军王指示，如能诚意奋勉，既与我当面训示无异。尔等惟应和睦，身心如一，奋勉力行。"强调胤禵是天子的代表，所有人必须服从大将军王的指挥，给人的感觉就是"如朕亲临"。

在胤禵的指挥下，清军经过准备，从青海、川滇两路出兵，顺利击败准噶尔军队，护送六世达赖进入西藏，举行坐床仪式。康熙听后大喜，老十四果然能干，命令立碑纪念。1721年，胤禵移驻甘州，也就是今天的甘肃省张掖市，准备率领军队西征，直捣准噶尔老巢伊犁。熟悉地理的朋友都知道，两座城市距离遥远，在运输条件简陋的古代，后勤补给难度很大。康熙末年国库空虚，康熙自知以大清目前的实力，根本无法支持此类的远征，遂决定以招抚的方法，解决准噶尔的问题。

1721年十一月，大将军王胤禵被康熙召回京城，商量后续的对策。凯旋之后，胤禵下一步的人事动向引人关注。早在出征前，老九胤禟就押宝在十四阿哥身上，将通过非法手段获取的不义之财，送给胤禵作为经费，还叮嘱他早成大功，得立为皇太子。如今大功告成，胤禟猜测，大将军王应该不用再回到军队了，恐怕成功之后，难于安顿他，再让胤禵出征，要是又立了大功，有可能会功高震主，就跟李世民一样封秦王、天策上将、尚书令，等最后实在是没有官职爵位好封了，父皇只能乖乖禅位。没想到这一回老九猜错了，1722年四月，康熙又让胤禵出京，回到军中任职。

临行前，胤禵十分挂念京中的形势，嘱咐老九说："皇父年高，好好歹歹，你须时常给我信儿……但有欠好，就早早带信给我。"他知道康熙身体不行，希望在京的好兄弟帮帮忙，将第一手消息及时传递给他，方便见机行事。胤禵还曾找来临洮人张恺算命，后者故意奉承，说："（将军）元武当权，贵不可言，将来定有九五之尊，运气到三十九岁就大贵了！"胤禵当时三十二岁，一直想登基称帝，听说还有七年就能上台，非常高兴，连连认为"说的很是"，野心可谓暴露无遗。

几个月后，康熙驾崩，雍正即位，垂涎皇位的胤禵受到打击，被迫离开西北，回京接受不利的安排。康熙生命中的最后几年，到底有没有传位胤禵的想法呢？种种迹象看，他似乎并无此意。1721年胤禵就曾返京，如果他有意让老十四接班，就应该把胤禵留下来，在朝中给予要职，锻炼锻炼行政能力。之前他已经在西北立下了大功，树立了威望，朝廷对准噶尔的政策也因国力不足调整为招抚，胤禵回去也没有什么大规模战事需要指挥，安排个地方军政大员接替即可。然而，康熙明知道自己身体每况愈下，却依然没有这样做。后来雍正也认为，如果父皇真打算传位给亲弟弟，不可能将其长期派驻到遥远的大西北，尤其是在战事基本结束、改行和平手段的大背景下。

从爵位的角度出发，我们也可以窥见一二。胤禵出征前，爵位是贝子，由于工作需要，越级封了个大将军王，不像其他皇子那样，有具体的封号，比如胤禛是雍亲王，胤祉是诚亲王，当时这样做是可以理解的，毕竟年龄小，还没有功劳，要是直接封个郡王、亲王，容易引起其他阿哥不满，认为皇帝偏心。

但不给个王爵吧，名位不显，手下的将领们容易轻视他，遂采取折中的办法，封了个"大将军王"，属于临时性质的权宜之计。几年后，胤禵已经在西北立了大功，平定了西藏，爵位上仍然没有变化，更没有赐号。

这说明在康熙的心目中，胤禵也就是去打打仗而已，率军攻入拉萨，基本上已经完成了任务，而十几万大军打这么些敌人，难度其实也不算很大。至于什么太子啦、接班啦，他并没有真的认为胤禵是合适的人选。

胤禵之所以获得晚年康熙的肯定，一度被朝野认为是大清王朝的接班人选，在于做到了两点。第一个就是充分了解父皇的需求，那就是重亲情，不希望看到儿子们自相残杀，渴望兄友弟恭，自己能够安享晚年，不遭遇丧子之痛。而作为八爷党死党，胤禵挺身而出，为八哥做担保，即使刀架在脖子上也毫不退缩，虽然有一己之私，但由此体现出的担当和义气，以及兄弟之情，尤其是后者，深得康熙赞许。第二个就是在关键时刻，能够帮助父皇分忧，稳住局面，西北用人之际，其他阿哥老的老，获罪的获罪，无能的无能，最需要胤禵挺身而出的时候，他主动请缨，代父出征，帮助康熙实现了战略目标，从而获得信任。

十四阿哥优秀是优秀，但缺点也比较明显，性格过于直率，过于重感情，想要成为帝王，这偏偏又是大忌，凡事都有两面性，享受了利的一面，也得承受弊的一面及背后的不利影响。他加入老八的阵营，亲哥哥上位又岂能饶他？先是被下了兵权，召回京城，给父皇看守陵寝，后来更被圈禁，失去人身自由。

第二章 隐忍低调的『富贵闲人』

皇后娘娘的养子

康熙十七年十月三十日,也就是公历的1678年12月13日,我们当仁不让的男主——爱新觉罗·胤禛来到了这个世界,虽然他不像父皇康熙、儿子乾隆那样,能够在位六十年,活到将近七十和九十的高龄,但是他五十八年的人生,十三载的帝王生涯,其传奇程度丝毫不亚于爸爸和儿子。

胤禛的降世,对于他的母妃乌雅氏来说,绝对是喜讯中的喜讯。作为普通宫人的她,于十八岁的年纪,就成功诞下皇子,翻身可谓有望,次年即因此而晋升为德嫔,在偌大的后宫,总算是有了一定地位。胤禛的外公是包衣护军参领乌雅·威武,曾外公为曾担任膳房总管的乌雅·额森,家世与老八生母卫氏有相近之处,都和皇家的关系特别近,直接提供如膳食方面的服务,属于贴身奴才,地位却不是很高,像胤禛的外公只是个正五品的中层官员。关系近,又掀不起什么风浪,家里有了女儿也要送入紫禁城,供主子优先挑选笑纳,这就是世代为奴的悲哀。

由于生母地位不高,外公的家世也不够显赫,胤

青年时代的四阿哥胤禛

禛孩童时期并没有跟乌雅氏生活在一起，而是由贵妃佟佳氏抚养，到1681年，胤禛两三岁的时候，佟佳氏又晋一级，成为皇贵妃。在孝诚皇后、孝昭皇后去世后，中宫之位长期空缺，地位仅次于皇后的皇贵妃，便是后宫众多妃嫔实际的老大。虽然远离了亲生母亲的怀抱，胤禛却获得了更有权势的皇贵妃娘娘庇护。这种生养分离的措施，容易造成皇子和生母间的感情淡漠，毕竟日久生情，可能到头来与养母的关系反而更为密切。这样做的好处是，即便皇子有朝一日真当上了皇帝，生母成为太后，也会由于双方关系一般，

雍正皇帝的生母德妃乌雅氏

不容易出现倚重外戚势力的局面。像东汉王朝那样，皇后家族屡屡涌现权臣，西汉、北周末年，甚至冒出王莽、杨坚那样的人物。清朝是中国封建社会的最后一个王朝，晚有晚的好处，他们可以充分总结夏、商、周以来的统治经验，苦心研究，避免同样的教训发生在自己身上。

皇贵妃佟佳氏深得康熙皇帝喜爱，否则也不会做上后宫实际的一把手。可惜美中不足，佟佳氏虽然得宠，在生育方面却表现得不尽如人意。康熙二十二年（公元1683年），佟氏生下了皇八女，令人遗憾的是，由于当时医疗条件有限，这个女儿很快便夭折了，从此她膝下再无所出。这对于胤禛来说绝对是因祸得福——养子毕竟没有亲生的好，这个妹妹要是一直活着，必然会分走养母部分乃至全部的宠爱。现在她如昙花一现般，来到人世又离开，皇贵妃尽管伤心，但生活终归还要继续，只能继续把胤禛当作亲生儿子来疼。

时间过得飞快，转眼间就到了康熙二十八年（公元1689年）七月初七日，皇贵妃佟佳氏病重，康熙听说后，深夜即赶回宫中。皇太后得知消息后，也于次日回宫。初九这一天，为了给皇贵妃冲喜，帮助她与病魔继续斗争，康熙皇

帝诏告天下，宣布册封佟佳氏为自己的第三任皇后。主持后宫工作多年，佟佳氏总算迎来了转正的一天，无奈的是，次日，这位皇后就离开了人世。寿龄史书上并没有记载，考虑到她是1676年进宫，再结合当时秀女的普遍年龄，到1689年，她应该是二十多岁，基本上没有过三十岁的可能，属于英年早逝。

能够在美女如云的后宫里，长期担任皇贵妃，最后还登上了皇后的高位，必然有其过人之处。反观胤禛的母亲乌雅氏，自1675年入宫以来，在紫禁城待了将近五十年，最高的封号也就是德妃，康熙在世时，别说皇后，她连皇贵妃都不是，后来当了皇太后，那也是雍正皇帝的功劳，母凭子贵。八阿哥的生母卫氏，与乌雅氏同一年入宫，也在后宫待了三十六年，康熙才封她为妃。甚至死后，康熙皇帝仍然不放过她，在批评老八的时候，顺带说良妃是辛者库贱妇，瞧不起她的出身。

佟佳氏能当上皇后，而且是康熙皇帝的最后一位皇后，靠的是拼爹、拼祖宗。佟佳氏的曾祖父佟养真世代居住辽东，1619年，努尔哈赤率军进攻抚顺，佟养真在家人的影响下归顺后金。两年后被任命为镇江城主，这个镇江也就是现在辽宁的丹东。由于守备空虚，出了内鬼，结果被明朝将领毛文龙带人奇袭，佟养真被抓获，后送往北京，被明朝千刀万剐，传首九边。对于明朝来说，佟养真死有余辜，总算结束了他罪恶的一生，必将遗臭万年。但站在清朝的角度看，佟养真相当于烈士，为了爱新觉罗家的江山，受尽了委屈，最终付出生命的代价，家族成员值得信赖，甚至是推崇。

帮助这个家族真正实现崛起的，是佟佳氏的祖父佟图赖，在明亡清兴之际，佟图赖跟随清太宗皇太极参与了大凌河城之战、松锦大战，为

雍正皇帝的养母，康熙第三任皇后孝懿仁皇后佟佳氏

消灭关外明军立下赫赫战功。多尔衮入关之后，佟图赖又转战山西、河南、江南、湖南等地，为清朝的统一建立了功勋。1656年，佟图赖因病退休，时年五十岁，顺治皇帝给他加太子太保，属于从一品的高官，虽然是有衔无职的荣誉性质的官位，却能够看出朝廷对他的高度肯定。1658年，佟图赖去世，皇帝辍朝祭悼，赐祭葬，赠少保，准兼太子太保，赐谥号勤襄。

一个根正苗红、战功卓著的人物，自然也是爱新觉罗家倚重、拉拢的对象，手段有很多，结为儿女亲家便是其中之一。佟图赖的女儿入宫，得到顺治皇帝的临幸，生下了三阿哥爱新觉罗·玄烨，也就是康熙皇帝。有了爷爷、姑姑这层关系，佟佳氏顺利进宫，被封为皇贵妃、皇后，就不难理解了。除了自身各方面素质过硬，上面有人、祖宗事迹光辉，也是极其重要的加分项。胤禛生母乌雅氏，没有这么好的家世、这么深厚的背景，在起跑线上就输了，奋斗一辈子，最终止步于妃位，也是情理之中。

佟图赖的儿子佟国纲、佟国维，都是康熙朝比较重要的大臣。早在顺治年间，佟国纲就已经是正二品的一等侍卫，康熙皇帝登基后，任镶黄旗汉军都统。在与沙皇俄国谈判、签订《尼布楚条约》的使团里，索额图是一把手，佟国纲是二把手。尽管面对困难，使团最终不辱使命，佟国纲发挥了很重要的作用。1690年，乌兰布通之战，佟国纲身先士卒，壮烈牺牲，像爷爷一样为清朝献出了自己宝贵的生命。康熙听说后本想亲自迎接灵柩，被劝谏后，改由众皇子和百官出迎，举行国葬，也算生荣死哀。佟国维更是康熙朝多年的重臣，1682年就担任领侍卫内大臣、议政大臣，系正一品高官，1689年封一等公，而佟佳氏就是佟国维的女儿。

祖宗是开国功臣，家里男性成员是皇帝身边的重臣，女性成员是当今皇帝的母亲、皇后，如此煊赫的家族背景，要是放到唐朝，只有贞观年间的长孙家族能够一较高下。长孙无忌是赵国公、当朝宰相，长孙皇后母仪天下，兄妹两人一内一外，无人能及。即便如此，李世民也不是长孙家族生的，而康熙的母亲孝康章皇后身体里却流淌着佟氏的血液。

后来佟国维想要拥立八阿哥，搅黄了康熙复立胤礽的好戏，使老皇帝深感不满。连佟国维家族都支持老八，康熙感到深深的压力，"佟半朝"岂是吹出来的？

年幼的胤祯可以得到佟佳氏的抚养，绝对是人生的幸运之一，康熙皇帝上朝归来，到佟佳氏处停留，还能爱屋及乌，对小小的胤祯也多多照顾。在皇后离世、治丧的过程中，有这样的记载：

奉移大行皇后梓宫，至朝阳门外享殿。上亲临送。诸王以下文武官员及公主、王妃以下、八旗二品命妇以上，俱齐集举哀；己酉……常祭大行皇后，上亲临举哀。谕礼部：皇后佟氏，淑德夙成，芳徽懋著。侍奉皇太后，克尽孝诚，抚育诸子，悉均慈爱。禔躬敬慎，御下宽仁，式备仪型，宫闱胥化。顷遵慈谕，作配朕躬。尚期内治之永赖，何意沉疴之难起。兹于康熙二十八年七月初十日崩逝。眷怀懿范，痛悼良深。宜有称谥，以垂永久。著内阁、翰林院会同拟奏，其应行典礼，尔部详察，速议以闻。

康熙皇帝亲自祭祀、亲自送灵，体现出对这位皇后的感情。在谕旨中，他称赞皇后品德高尚、孝敬长辈、慈爱诸子，对待宫中下属也都十分宽和、仁慈，本来想着两人可以白头偕老，未曾想竟然天人永隔。一遇之款既深，再得之悲逾切。为了抒发内心深处的悲伤之情，康熙皇帝为皇后写下了四首悼亡诗。可谓情真意切，真实感人。

第一首

月掩椒宫叹别离，伤怀始觉夜虫悲。

泪添雨点千行下，情割秋光百虑随。

雁断衡阳声已绝，鱼沉沧海信难期。

繁忧莫解衷肠梦,惆怅销魂忆昔时。

第二首

交颐泪洒夕阳红,徒把愁眉向镜中。

露冷瑶阶增寂寞,烟寒碧树恨西东。

旧诗咏尽难回首,新月生来枉照空。

鸾影天涯无信息,断弦声在未央宫。

第三首

音容悲渐远,涕泪为谁流。

女德光千祀,坤贞应九州。

凉风销夜烛,人影散琼楼。

叹此平生苦,频经无限愁。

第四首

淅沥动秋声,中心郁不平。

离愁逢叶落,别恨怨蛩鸣。

寂寂瑶斋阁,沉沉碧海横。

玉琴哀响辍,宵殿痛残更。

从此以后,康熙再也没有立过皇后。这一年,十一岁的胤禛目睹养母离世,内心遭遇沉重打击,只能哀叹世事的无常。在这座金碧辉煌的紫禁城里,他见证过太多的悲欢离合、潮起潮落,事实证明,在同一个地方生活得太久,难免会失去快乐,世界那么大,偶尔到外面走走,换换心情,也许别有一番体验。这不,胤禛长大后,便加入了康熙皇帝走南闯北的团队中。

侍从康熙巡幸天下

许多年前，张国立、邓婕主演的电视剧《康熙微服私访记》曾风靡一时，在剧中，康熙常常深入民间，经历各种各样的奇闻逸事。虽然有时候会遇到危险，但他从来不会感到畏惧，因为康熙是皇帝，是全中国最有权势的人，擅长扮猪吃老虎，有这张底牌在手，他又有什么值得害怕的呢？哪路牛鬼蛇神来了都无所谓。胤禛的儿子乾隆皇帝，也是个闲不住的人，他曾经效仿祖父，一生六下江南，甚至传出许多寻花问柳的野史传闻。

与前后两个在位六十年甚至更久的皇帝对比，雍正在位期间就显得非常"宅"、非常另类。别说跑到南京、杭州品味六朝余韵、西湖春雨了，就连他爸爸积极倡导的木兰秋狝，胤禛都没有什么兴趣，尽管他完全可以率领大队人马去那里潇潇洒洒，策马奔腾，共享人世繁华。像后来的乾隆、嘉庆便十分重视这项活动，后者甚至驾崩在避暑山庄。

雍正皇帝真的没有看过祖国的大好河山吗？实际上并不是的，他只是上台以后没有去过，做皇子期间，沾康熙的光，胤禛跟着父皇走遍了大江南北、长城内外，也许正是因为看遍了塞外的秋风烈马、江南的烟雨杏花，胤禛即位后，对外出考察、巡游彻底没了兴趣,那些世人心驰神往的地方,他多年以前就已经去过了!

胤禛第一次跟随康熙巡幸,那是在九岁的时候,同行的还有三位哥哥。去的是燕京近郊,也就是今天河北张家口、承德一带,属于出塞游。康熙年间最为经典的、胤禛跟随次数最多的出塞游,正是前文提到的木兰秋狝。

木兰秋狝具体是什么玩法呢?其实也蛮简单的。先派少许士兵进入猎场,吹一种用柏木制成的"鹿哨"吸引雌鹿。吹鹿哨的虽然是人,但发出的声音特别像鹿的求偶声。听到有异性的呼唤,那些雌鹿便都跑过来了。这时,分散在四周的官兵骑着马,驱赶兽群,等包围圈越来越小,鹿都集中在一个地方了,就可以大开杀戒,用弓箭、火枪把猎物通通击毙。每位狩猎者能力不同,打到猎物的数量也是不一样的,表现优秀者,会得到皇帝额外赏赐;两手空空者,说明平时疏于训练,会被处罚。夜幕降临后,人们还会举行盛大的宴会,把白天获得的猎物吃掉。

"鹿哨"在满语中称为"木兰",从1683年至1817年,清朝皇帝来围场打猎基本上都是秋天,所以这一活动又叫作"木兰秋狝"。木兰围场的面积特别

清代皇室的木兰秋狝

大,东西、南北方向均超过一百公里,总面积超过一万五千平方公里。围场内流水潺潺,草木茂盛,野兽成群,的确是狩猎、观光的好去处。出于可持续发展的理念,清朝将偌大的围场分成七十多围,每次狩猎,只选在其中的一二十围,不会全部启用。但是,对于木兰秋狝,朝廷内部也有反对声。1722年,皇帝在谕旨中说:"从前曾有以朕每年出口行围、劳苦军士条奏者。"从北京到木兰围场路程很远,当时没有火车、汽车,许多将士都是徒步而往,感觉非常折腾。每次狩猎,动不动几千人、上万人规模,沿途各地疲于接待,成本也特别高,给国库带来了不小的压力。雍正接手时,国库空虚,存银不过几百万两,他深知木兰秋狝非常靡费,所以在位期间基本停办。

既然有反对意见,那康熙、乾隆为什么还要经常带人去木兰围场狩猎呢?到底图什么?

第一个目的当然是悠闲娱乐。将士们从京城跑到木兰围场,既要为皇帝的安全负责,又要使出浑身解数获取猎物,特别辛苦。对于皇帝来说,他终于可以离开紫禁城,到外面的世界转转,欣赏塞外风光;还可以带头狩猎,让文武官员、扈从士兵都观赏他的圣颜,出出风头,岂不美哉?1751年,乾隆皇帝率领大队人马进驻木兰围场,写下《入崖口》,其中有言:"巉岩围叠嶂,崖口为之关;壁立众山断,伊逊奔赴川;秋狝常经过,每为迟吟鞭;双峰开霁烟,一水流潺湲;翠叶复黄葩,高低入影妍。"高产诗人乾隆,一生作诗四万余首,看到木兰围场景色如是之秀丽,自然要创作一番。在岳乐围场,至今还有乾隆写下的《虎神枪记》碑,里面描述了他用虎神枪打死老虎的有趣经历:"壬申秋,于岳乐围场中,猎人以有虎告而未之见也。一蒙古云:虎匿隔谷山洞间,彼亲见之,相去盖三百余步。朕约略向山洞施枪,意以惊使出耳。乃正中虎,虎咆哮而出,负嵎跳跃者久之。复入,复施一枪,则复中之,遂以毙焉。盖向之发无不中。"有个蒙古人告诉乾隆,某山洞藏有老虎,乾隆就往洞里开枪,想把老虎给吓出来，没想到刚好打中了。老虎受到惊吓，跳了出来，准备咬人。"砰！"乾隆又是一枪，干净利落地击毙了老虎。百发百中！心理获得极大满足的乾隆，特意把他的"丰功伟绩"写成文章，刻在石头上，让后世子孙膜拜。

第二个目的是训练部队，不忘祖先尚武传统。1583年，努尔哈赤用十三副铠甲起兵，拉开了清朝崛起的序幕。数十年间，正是八旗军队的勇猛，才使爱新觉罗家族从关外打到关内，最后统一全国。可是在康熙年间，面对吴三桂咄咄逼人的攻势，腐败堕落的八旗军队已经力不从心，这让年轻的皇帝很是不满。和平年代，无仗可打的时候，怎样保持军队的战斗力呢？当然是多训练，多演习。将八旗官兵带到塞外的木兰围场狩猎，也是一种军事训练。那些麋鹿、狗熊，可以视为敌兵。

据《大清圣祖仁皇帝实录》记载，康熙曾就木兰秋狝一事发表论断："不知国家承平虽久，岂可遂忘武备。前噶尔丹攻破喀尔喀，并侵扰我内地扎萨克至乌阑布通。朕亲统大兵征讨，噶尔丹败走。后又侵犯克鲁伦，朕统兵三路并进，至昭莫多剿灭之……朕又遣大兵前往，击败策零敦多卜等，复取西藏，救土伯特于水火之中。我兵直抵西藏，立功绝域，此皆因朕平时不忘武备，勤于训练之所致也。若听信从前条奏之言，惮于劳苦，不加训练。又何能远至万里之外而灭贼立功乎？尔等诸臣咸宜知之。"康熙是说，清朝军队之所以屡战屡胜，就是因为皇帝勤抓训练。

第三个目的是团结国内友好势力，尤其是蒙古王公。清王朝是一个统一的多民族国家，爱新觉罗家族想要保持政权的稳定，就必须和国内各大势力搞好关系。离京城最近的，就是长城以北的蒙古了，满蒙联合、满蒙联姻，从清太祖的时候就开始了。顺治皇帝的母亲孝庄文皇后，就来自科尔沁草原，抚养了两代清朝皇帝。每次木兰秋狝，蒙古王公也会应邀到场，与清朝皇帝相互问候,商谈要事。双方的关系,也因此更加融洽。顺治、康熙年间,华北一带流行天花,北京城是重灾区,上至皇亲国戚,下至平民百姓,都无法幸免。顺治皇帝年纪轻轻就死于天花,而康熙也险些丧命。蒙古诸王害怕天花,不敢进京朝见,在木兰围场拜见清帝,也是一种稳妥的安排。

到乾隆时期,新疆的回部亲王、国外归来的土尔扈特部,也曾参与木兰秋狝。围场就像个桥梁,为清朝皇帝和地方派系提供了交流的机会。看着八旗官兵个个英勇善战、箭术一流,蒙古人的内心会受到震撼,原有的不臣之心也会收敛,他们会掂量掂量:自己是清国的对手吗?手下的军队能否击败八旗官兵?炫耀武力、联络感情、拱卫京师,是清朝皇帝把他们喊过来的主要目的。"一人临塞北,万里息边烽",这是胤禛吹捧康熙皇帝的经典诗句,着重强调了父皇出塞,对国家安全有着多么重要的作用,估计康熙看了都得脸红。

1694年,胤禛又一次出差,来到了天津、信安镇、赵北口等地,主要目的就是考察永定河下游的水文情况,为治理该河提供决策依据。在清朝初年,永定河并不叫这个名字,它的原名是"无定河""浑河",从字面上的意思就知道,这条河经常泛滥,主河道迁徙不定,屡屡引发洪灾,为两岸百姓带来深重灾难,改名"永定河",有祈求安定的美好寓意在里面。

1698年,朝廷在两岸筑造堤坝一百八十余里,疏浚河道一百四十五里,河名也是从此刻更改为永定河。1700年,胤禛跟着父皇视察南岸工程,他不像其他人,远远地望一望,表示自己来过了,打个卡就行。他直接下工地,拔出已经放置好的桩木,立即认定工程质量有问题,因为桩木又短又小,肯定是不合规的,马上报告康熙,要求施工人员迅速整改。这件事能够反映出胤禛的风格,明察秋毫,见微知著,不轻信表面现象或者一面之词,能够有自己的判断。次年四月,胤禛又一次随驾视察永定河,奉命写诗纪念:"帝念切民生,銮舆冒暑行。绕堤翻麦浪,隔柳度莺声。万姓资疏浚,群工受准程。圣心期永定,河伯助功成。"歌颂父皇体恤百姓,大热天也要亲自视察,绝对是以民为本的好皇帝。在朝廷的努力下,无定河必将成为名副其实的永定河,连河里的神仙也会提供帮助。看到这种歌功颂德的好话,康熙心里自然乐开了花。

1702年,胤禛再度跟随父皇出行,这一回是南巡,也是胤禛这辈子到过最远的地方。刚开始,一行人到达德州,太子胤礽突然生病,大家都停了下来,按照宫里的规矩,皇子们照常读书学习。一天,康熙带着大臣们,来到众皇子读书的地方,此时胤禛兄弟正在写对联,群臣看过后,纷纷表示敬佩不已。胤禛十分擅长模仿,尤其是父皇康熙的字迹,写得那叫一个像,康熙看过以后都连连称赞。过了一段时间,见胤礽的病还不见好,康熙决定回銮。

康熙南巡江南

等太子病好了,康熙又起驾南巡。经过济南,参观了珍珠泉、趵突泉;经过泰安,登东山和泰山。路过淮安、扬州,从瓜州渡江抵达镇江,来到金山江天寺,康熙皇帝题写"动静万古"匾额,胤禛则写诗附和:"宿慕金山寺,今方识化城。雨昏春嶂合,石激晚潮鸣。不辨江天色,惟闻钟磬声。因知羁旅境,触景易生情。"

后乘船至苏州、嘉兴、杭州，在演武厅，胤祺与父皇及众兄弟们射箭，其乐融融。返程期间，康熙安排胤祺等跟着大学士祭拜明孝陵，这是前朝太祖皇帝朱元璋的陵墓，清朝这样高规格祭祀，目的在于收拢汉族士子之心，使地方势力更加认可现政权。虽然明清在辽东激战多年，双方之仇不共戴天，但在清朝的叙事逻辑中，明朝是亡在李自成之手，清军入关，算是为明朝崇祯皇帝复仇，属于好事，所以关内人民要认可他们。到达江北后，胤祺又随同考察徐家湾、高家堰、新河口等处。黄淮地区水利工程关系国计民生，又是漕运的必经之地，重要程度不言而喻。此次长途旅行，胤祺既放松了身心，也增长了见识，他凭借良好的表现，赢得了康熙的赞赏。

清王朝发源于辽东半岛，那里有这个政权最初的都城盛京（今沈阳）、辽阳、赫图阿拉，还有三座清朝初期的陵寝，分别是埋葬努尔哈赤父祖及其他亲贵的永陵、沈阳浑河边太祖皇帝的福陵、沈阳城北太宗皇帝的昭陵。儒家传统文化讲究慎终追远，不能忘记祖宗创业的艰难，国之大事，在祀与戎。1698年，康熙率领大部队出山海关，在沈阳故宫怀念往事，到三座陵寝祭祀先人。胤祺同样参加，写有《侍从兴京谒陵二首》，其二云："龙兴基景命，王气结瑶岑。不睹艰难迹，安知启佑心。山河陵寝壮，弓剑岁时深。盛典叨陪从，威仪百尔钦。"感慨祭祀典礼的庄严盛大，缅怀清朝基业的来之不易。

除了塞北、辽东、江南，胤祺还陪伴康熙去过山西的五台山，那里是佛教圣地。清朝统治者重视佛教，看重佛教在蒙古、西藏广泛的影响力，皇帝带着皇室成员专程礼佛，能够得到信仰区民众的认同，进而增强他们对清朝政权的支持。

在父皇的带领下，胤祺的前半生到过这么多地方。由于身份所限，当时的交通也不够便利，能够参观这些地方已属不易。身为随行的普通皇子，胤祺没有多少优秀事迹可供大书特书，顶多写写诗，为父皇歌功颂德。这也是赢得领导兼父亲好感的重要机会。

笃信佛教藏心志

北京既是我国的首都，也是著名的旅游胜地，每年都有不少来自海内外的游客慕名而来，其首选当然是故宫、长城、天坛、颐和园等享誉世界的名胜古迹。但等这些地方都逛完，他们会发现雍和宫也是个名气大、值得一逛的景点，这里是雍正皇帝胤禛当皇子时的潜邸，建于1694年。登基以后，雍正住到了紫禁城养心殿，原来的府邸就变成了行宫。1735年，雍正驾崩，乾隆曾将大行皇帝的梓宫停放于此。1744年，雍和宫改为了喇嘛庙，皇帝特派总理事务王大臣管理其事务，雍和宫成为清朝掌管全国藏传佛教事务的中心。胤禛要是泉下有知，听说宝贝儿子把自己的老家改成了寺庙，非但不会生气，还会连连点赞，他和列祖列宗一样，笃信佛教，但也时刻不忘，自己是一位有四十五年皇子经历、十三年君主工龄的帝王。

早年的胤禛，就在家族、时代的氛围下，对佛教产生了浓厚兴趣，学习工作之余，常常抄写佛教经典。其中，最为人所熟知的，就是他在三十七岁时所抄写的《金刚经》。这部经书不仅字迹工整、一丝不苟，更透露出他内心的静谧与超然。通过这部经书，我们可以看到雍正帝对佛教的虔诚之心。他还经常参与佛教活动，研读佛学经典，甚至自称"圆明居士"，以此来展现自己的超脱与淡泊。

雍正手写经书真迹

1711年，胤禛在章嘉国师的指导下进行禅坐，连续两天。章嘉呼图克图是康熙敕封的"灌顶普善广慈大国师"，当时章嘉国师认为，在佛教修为方面，胤禛只不过刚刚入门而已，勉励他加强修行，在弘扬佛法的道路上再接再厉；有国师的指导，胤禛于当年二月在结云堂闭关参求，"十四日晚。经行次，出得一身透汗，桶底当下脱落，始知实有重关之理"。

悟出了心得体会，胤禛非常高兴，连忙就报告给了章嘉国师，国师认为还不够深刻，应该更加精益求精。胤禛就在第二年正月二十一日，于堂中静坐，"无意中忽蹋末后一关，方达三身四智合一之理，物我一如本空之道，庆快平生"。章嘉国师听后称赞道："王得大自在矣！"这表明胤禛得到了国师的认可。

登基以后，雍正虽然日理万机、政务繁忙，平均每天要在奏折上批阅几千字才能下班，忙到这个地步，但他依然孜孜不倦地阅读《禅宗正脉》《教外别传》等佛教语录。理政之余，甚至不惜以皇帝的身份，亲自给大家讲述佛法。皇帝上课，还亲自当老师，王公大臣、皇室宗亲都乖乖拿起小本本，记下雍正老师讲述的要点，正所谓"上有所好，下必甚焉"。

为了提升学习效率，雍正皇帝组织刊行了《雍正御选语录》，其中汇集了12位主要禅师以及500多位普通禅师的禅语。在每卷语录的开篇部分，雍正还亲自撰写序言，谆谆教导，告诉读者们怎样研读，才可以入脑入心入魂。在这件事情上，雍正老师可谓煞费苦心。除了收集大师的论述，雍正皇帝甚至提起御笔，亲自撰写佛学著作，比如《圆明居士语录》《破尘居士语录》等，展现出在佛学方面的深厚造诣。

至于修缮名寺古刹、保护寺院，对于他来说，那更是小菜一碟。他是大清朝的皇帝，富有四海，手握最高权力，谁说话都没有他好使。有一次年羹尧手下的士兵侵占僧舍，让里面的和尚无家可归，雍正知道后亲手批示以为不妥，应该自己建造，而不是抢人家庙里的。出于对佛教的虔诚，雍正还常常动用资金，对老旧寺庙进行修缮，对面积狭小的庙宇进行扩建。"以佛治心，以道治身，以儒治世"，这是雍正皇帝的看法。对于最高统治者而言，儒道释三教固然有值得研究的一面，其实也都是缓和社会矛盾，强化清朝统治

装扮成喇嘛修炼的四阿哥胤禛

的工具，只是它们的作用没有八旗铁骑、刑部大牢这么明显。

在此之前，清朝历代统治者都重视利用佛教，努尔哈赤在还没有正式建立政权时，就亲自在赫图阿拉建造七大庙，后来进攻明朝的地盘，又下令保护寺庙，不准士兵拆毁庙宇，或者在里面拴牛马，随地大小便，违者将被治罪。太宗皇太极积极与喇嘛教建立联系，将自己打扮成蒙藏护法者，执政后期，隆重接待了两位来到盛京的喇嘛使者，表示自己愿意兴扶佛法。在蒙藏地区，佛教有着广泛的影响力，清政府尊崇佛教，保护佛教徒的利益，在争夺天下、巩固统治的过程中，就可以减小许多阻力。顺治时期，五世达赖进京面圣，顺治不仅为其册封金印，还建造西黄寺供其居住。董鄂妃去世后，万念俱灰的顺治皇帝一度想要出家为僧，他的死成为清宫疑案，有人说他死于京城流行的天花，还有人说他去五台山出家了，后来康熙带着胤禛他们去那里拜佛，实际上是为了看望昔日的父皇。尽管传得有鼻子有眼的，事情未必属实，但也可以反映出佛教对清朝皇室的巨大影响。

康熙也是一位与佛家颇有渊源的皇帝，他接触佛教，最早是受了祖母孝庄皇太后的影响，长大以后，走遍中国的大江南北，一辈子参拜名山宝刹，亲善沙门佛子，给佛教寺宇题写匾额、诗联，还自称是无量寿佛的化身。胤禛笃信佛教，除了修身养性，体现自己与世无争的心志外，也是对父皇康熙尊奉佛教、利用佛教的一种迎合。看在宗教信仰的分上，康熙当然更加认同胤禛，相比于完全对佛教不感兴趣的人，胤禛与父皇自然增加了不少共同语言。埋头参禅礼佛，保持低调，也可以将内心深处对权力的需求感隐藏起来，嗜权如命的康熙，可不喜欢明目张胆争权争位的人。

严教之下养才气

晚年时，康熙曾说过这样一句话："惟四阿哥，朕亲抚育，幼年时微觉喜怒不定，至其能体朕意，爱朕之心，殷勤恳切，可谓诚孝。五阿哥养于皇太后宫中，心性甚善，为人淳厚。"就像唐太宗亲自抚养李治和晋阳公主一样，康熙也亲自抚养了四阿哥胤禛。胤禛小时候虽然有情绪不稳定的毛病，但也只是"微觉"，即稍微感觉，康熙认为并不是什么特别严重的问题，后人读到这里时，没有必要刻意夸大，或死死盯住不放。"惟"体现出稀缺性，只有胤禛是康熙亲自养育的，五阿哥胤祺是皇太后，也就是孝惠章皇后抚养的。太后没有孩子，又比康熙大不了多少，加之顺治皇帝早逝，心里难免寂寞，虽然按照满人传统，她是可以改嫁的，但皇太后身份地位特殊，此时清朝已入主中原，按照程朱理学的观点，二婚是万万不行的，她平时有个孩子照料、陪伴，生活就不会乏味。

到底是跟着皇帝好还是太后好？相比之下，当然是跟着万岁爷好，父子俩见面机会多，感情深，康熙就表扬胤禛善解人意，有一颗强烈的孝心，非常真诚。看着那不省心的老大、老二、老八，再想想胤禛，不用说，传位的天平都得情不自禁地向老四那边倾斜。再就是学习有人抓，五阿哥胤祺跟着太后，的确没有人敢招惹，他背后的靠山，那是连皇帝都要敬畏三分的人呀，但老人家往往溺爱孙子，自身的文化水平也不高，看到五阿哥学得辛苦，心里就难过不已，作为家长，学业方面督促得就不会特别严，所以跟其他皇子比，五阿哥的文韬武略便显得非常一般。康熙对皇子的教育，那都是亲力亲为、严于要求的，那么，胤禛从小接受了什么样的教育呢？

一个字：严；两个字：很严；三个字：非常严。清代学者赵翼结合亲身经历，曾留下这样的记载："本朝家法之严，即皇子读书一事，已迥绝千古。余内值时，届早班之期，率以五鼓入，时部院百官未有至者，惟内府苏喇数人往来。黑暗中残睡未醒，时复倚柱假寐，然已隐隐望见有白纱灯一点入隆宗门，则皇子进书房也。吾辈穷措大专恃读书为衣食者，尚不能早起，而天家金玉之体乃日日如是。既入书房，作诗文，每日皆有课，未刻毕，则又有满洲师傅教国书、习国语及骑射等事，薄暮始休，然则文学安得不深？武事安得不娴熟？宜乎皇子孙不惟诗文书画无一不擅其妙，而上下千古成败理乱已了然于胸中。以之临政，复何事不办。因忆昔人所谓生于深宫之中，长于阿保之手，如前朝宫廷间逸惰尤甚，皇子十余岁始请出阁，不过官僚训讲片刻，其余皆妇寺与居，复安望其明道理、烛事机哉？然则我朝谕教之法，岂惟历代所无，即三代以上，亦所不及矣。"

在赵翼眼中，清朝对于皇子教育的内卷程度，可以用"亘古未有"来形容。凌晨时分，天还是黑的，百官都没有过来上班，皇子们就开始学习了。赵翼感到不可思议，我们这些靠读书为生的人，都不能起那么早，他们这些含着金汤匙出生的帝室贵胄，竟然比我们还要勤奋。随后又说课程非常全面，既包括四书五经等文的一面，也包括骑马射箭等武的一面，每次上课都是一整天，到傍晚才放学，可以说起得比鸡还早，干得比牛还多。在这样的魔鬼教育下，即使没有成为文武全才，也距离这个小目标不远了。最后又和前朝，也就是朱明王朝做了一番对比，相较于清朝，明朝的皇子教育简直太失败了，过于放纵，皇子们又懒又爱玩，天天跟着宫女、太监混在一起,上学时间又晚,老师们还只是蜻蜓点水地讲讲,指望这样的人成才,简直就是天方夜谭。清朝对比明朝,在皇子教育方面简直是降维打击。

类似的情况,在法国传教士白晋的记载中也可以得到印证:

这些皇子的教师都是翰林院中最博学的人,他们的保傅都是从青年时期起就在宫廷里培养的第一流人物。然而,这并不妨碍皇帝还要亲自去检查皇子们的一切活动,了解他们的学习情况,指导审阅他们的文章,并要他们当面解释功课。皇帝特别重视皇子们道德的培养以及适合他们身份的锻炼。从他们懂事时起,就训练他们骑马、射箭与使用各种火器,以此作为他们的娱乐和消遣。他不希望皇子们过分娇生惯养;恰恰相反,他希望他们能吃苦耐劳,尽早地坚强起来,并习惯于简朴的生活。这些就是我从神父张诚那里听说的,是他在六年前随同皇帝在鞑靼山区旅行回来后讲的。起初,君王只把他的长子、第三个和第四个儿子带在身边;到打猎时,他还叫另外四个儿子随同前往,其中年龄最大的只有十二岁,最小的才九岁。整整一个月,这些年幼的皇子同皇帝一起终日在马上,任凭风吹日晒。他们身背箭筒,手挽弓弩,时而奔驰,时而勒马,显得格外矫捷。他们之中的每个人,几乎没有一天不捕获几件野味回来。首次出猎,最年幼的皇子就用短箭猎获了两头鹿。皇子们都能流利地讲满语和汉语。在繁难的汉文学习中,他们进步很快。那时连最小的皇子也已学习"四书"的前三部,并开始学习最后一部了。皇帝不愿让他们受到任何细微的不良影响。他让皇子们在欧洲人无法做到的最谨慎的环境中成长起来,皇子们身边的人,谁都不敢掩饰他们的哪怕是一个微小的错误。因为这些人明白,如果这样做,就要受到严厉的惩罚。

与赵翼的文字相比,白晋写得更浅显易懂。与

四阿哥胤禛读书像

现代许多家庭对子女的溺爱不一样，清朝皇帝非常注重培养吃苦耐劳的精神，如果小孩稍稍有点磕碰就躲在家里，不允许出门，以后又怎能经历社会的风吹雨打？在很多事情上，家长的所作所为，名为爱之，实为害之。

那胤禛的老师，又是翰林院哪些最博学的人呢？这其中就有张英，也就是清代名臣张廷玉的父亲，雍正登基以后，对张廷玉格外器重，愿意赐给他死后配享太庙的殊荣，这对于一个汉族官员来说，是难能可贵的。除了张廷玉展现出来的能力，雍正小时候与张英结下的师生之谊也是重要原因。康熙皇帝曾说："张英和内阁学士徐乾学学问淹通，宜留在朝中办理文章之事，嗣后不要将他们列为巡抚人选。"康熙高度认可张英的才学，特别交代把张英留下来，在朝廷里面负责写材料，不要把他作为封疆大吏的储备人选。他更适合在中央工作，不适宜到地方历练。

与胤禛关系最好的老师则是顾八代，雍正登基以后回忆自己当年与顾老师朝夕相处，讨论忠孝大义、经书至理，每次学习过后，都感觉获益匪浅，称赞他"品行端方，学术醇正""品学优长，足为模范"。

顾八代曾担任礼部尚书，后来因为一些事情被降职，他一生清贫，道德素养极高，在官场中是另类中的另类、浊流中的清流。1708年，顾八代因病去世，家徒四壁，穷到没有钱办理丧事，胤禛身为学生出资为老师张罗，还亲自写下祭文悼念，本来想要在康熙面前为老师求恩典，可正值康熙龙体欠安，便搁置下去了。登基后，大权在握的胤禛总算有机会可以体面地报答恩师，下令"复还尚书原职，加赠太傅，予全葬，致祭一次，谥文端"。后来又将顾八代在内的已故大臣模范、先进个人，入祀贤良祠，并给予高度评价："持躬正直，奉职公忠。或垂节钺之勋，或励冰霜之节，俯仰无愧，为朝野所共钦。终始不渝，无瑕疵之可指。此等靖共尔位，不愧古大臣之风者。"褒扬他们都是完人，没有半点瑕疵，号召大家向他们学习。

在这样的教育体系下，胤禛茁壮成长，化身满汉双语人才。满语是满人的国语，康熙就曾指出八旗子弟不可习汉而忘满，体现出作为少数民族统治者内心深处的忧患意识，反映到教育层面，就是苦学满文满语，将其作为从小的必修课，不能放弃自身的特色。和文才相比，胤禛的武略明显要逊色很多，历史上很难找到这方面的记载，如果水平的确高超，早就大书特书了，后来选大将军王也没考虑他足以说明这一点。但胤禛特别喜欢写诗，尤其喜欢写歌颂康熙的诗，随同父皇巡幸天下的时候，每到一个地方，都会诗兴大发，夸赞清朝国泰民安、百姓富庶，这一切都离不开父皇的励精图治、宵衣旰食。在其熏陶之下，他的儿子乾隆一辈子写了四万多首诗。让我们一起来欣赏欣赏胤禛的佳作《春园读书》。

春园读书

一片芳菲上苑东，昼长人坐落花风。
蒙茸细草侵阶绿，浓艳夭桃映阁红。
香惹游蜂窥几席，晴薰舞蝶傍帘栊。
韶光脉脉春如海，讽咏芸编兴不穷。

最后，让我们总结一下九子夺嫡前的胤禛，他是康熙皇帝的皇四子，在众多阿哥中，虽然不是嫡长子、庶长子，在长幼方面总体还是具备优势的。小时候得到过皇贵妃佟佳氏，以及康熙皇帝的亲自抚养，与他们均建立了良好的关系，留下了非常正面的印象。长大以后，努力学习，不断提升文化水平，对佛教表现出极高的兴趣，没有表露出个人的野心，内在实力日渐增长。在跟随康熙皇帝巡幸天下的过程中，不仅丰富了见识，体察了民情，还一有机会就用平生所学赞扬领导兼父亲康熙，赢得了不少好感。视察永定河工地时，又表现出自己严谨仔细、实事求是的风格。机会是留给有准备的人的，康熙四十七年（公元1708年）以前，胤禛持续加强自身能力建设，维护好与领导的关系，将内心对最高权力的渴求深度隐藏，为夺取皇位奠定了坚实的基础。

第三章 四阿哥走上夺嫡之路

谋士戴铎献"三策"

话说东汉末年分三国,屡屡战败、人生失意的刘备,客居荆州,寄人篱下,常常感叹己志不伸,情绪牢落。他最急需的不是攻城拔寨的万人敌,也不是擅长处理日常事务的一般行政官员,而是审时度势,能运筹帷幄、决胜千里之外的战略家。高卧隆中,每自比管仲、乐毅,好为梁甫之吟的诸葛亮便抓住机遇,横空出世,为刘备献上了"隆中对",他首先把全国局势大概分析了一遍,随后提出刘备集团的战略规划,也就是"三步走"。即先拿下荆州,再拿下益州,最后待天下有变,两路出兵,一路出荆襄,另一路出秦川,兴复汉室,还于旧都。在执行层面,刘备基本上也按照孔明的路线方略执行了,可惜关羽失荆州在先,自己兵败夷陵在后,以益州一隅之地,根本无法和中原抗衡。诸葛亮纵有大才,也只能在五丈原的秋风里含恨而终。

刘备能够时来运转,谋士的作用不言而喻。在电视剧《雍正王朝》中,同样足智多谋的邬先生为四阿哥胤禛出谋划策,帮助他一步步取得皇位争夺战的胜利,雍正登基后,他又以盈满为戒,主动离开京城,因为他知道的内幕太多,又太聪明了,以雍正皇帝的为人,恐怕是容不下他的。但在真实的历史中，并没有邬思道这样的智多星。倒是有位叫戴铎的人，向四阿哥胤禛献上了夺嫡之策。

　　历史上对戴铎的记载并不多，只知道他原本是雍亲王府的一位藩邸旧臣，家世不详。1709年，胤禛被封为雍亲王，主管镶白旗部分事务，戴铎就属于镶白旗，被拨给胤禛管理，成为他的下属。此人长期在外为官，目前能够看到从康熙五十二年到康熙五十八年（公元1713—1719年）戴铎写给主子雍亲王的材料以及胤禛的回复，其中1713年的那一次内容最多，比较详尽地阐述了戴铎对如何争夺储位的思考，原文如下：

　　奴才戴铎谨启主子万福万安。奴才每思人生在世，百岁无多。上之不能从赤松子游得达摩祖髓，作古今来第一风流人物，次之又不能苟全性命不求闻达，甘隐逸于林泉下，而随波逐流，碌碌一世，醉生梦去，与草木同腐朽，良可悲也。幸达我主子有尧舜之德，而奴才受格外之知，惟因身居外吏，不能日近天颜，虽有微衷无由上达，即或偶言亦难尽备，此奴才之日夜抑郁而不能自安，终身饮恨，而时为愧赧者也。然当此君臣利害之关，终身荣辱之际，奴才虽一言而死，亦可少报知遇于万一也。

　　谨据奴才之见，为我主子陈之：皇上有天纵之资，诚为不世出之主；诸王当未定之日，各有不并立之心。论者谓处庸众之父子易，处英明之父子难；处孤寡之手足易，处众多之手足难。何也？处英明之父子也，不露其长，恐其见弃，过露其长，恐其见疑，此其所以为难。处众多之手足也，此有好竽，彼有好瑟，此有所争，彼有所胜，此其所以为难。而不知孝以事之，诚以格之，和以结之，忍以容之，而父子兄弟之间，无不相得者。我主子天性仁孝，皇上前毫无所疵，其诸王阿哥之中，俱当以大度包容，使有才者不为忌，无才者以为靠。昔者东宫未事之秋，侧目者有云："此人为君，皇族无噍类矣！"此虽草野之谚，未必不受此二语之大害也。奈何以一时之小而忘终身之大害乎？至于左右近御之人，俱求主子破格优礼也。一言之誉，未必得福之速，一言之谗，即可伏祸之根。

主子敬老尊贤，声名实所久著，更求刻意留心，逢人加意，素为皇上之亲信者，不必论，即汉官宦侍之流，主子似应于见面之际，俱加温语数句，奖语数言，在主子不用金帛之赐，而彼已感激无地矣。贤声日久日盛，日盛日彰，臣民之公论谁得而逾之。至于各部各处之闲事，似不必多于与闻也。本门之人，受主子隆恩相待，自难报答，寻事出力者甚多。兴言及此，奴才亦觉自愧。不知天下事，有一利必有一害，有一益必有一损，受利受益者未必以为恩，受害受损者则以为怨矣。古人云：不贪子女玉帛，天下可反掌而定。况主子以四海为家，岂在些须之为利乎！至于本门之人，岂无一二才智之士，但玉在椟中，珠沉海底，即有微长，何由表现。顷者奉主子金谕，许令本门人借银捐纳，仰见主子提拔人才之至意。恳求主子加意作养，终始栽培，于未知者时为亲试，于已知者恩上加恩，使本门人由微而显，由小而大，俾在外者为督抚提镇，在内者为阁部九卿，仰藉天颜，愈当奋勉，虽未必人人得效，而或得二三人才，未尝非东南之半臂也。以上数条，万祈主子采纳。

奴才身受深恩，日夜焚祝。我主子宿根深重，学问渊宏，何事不知，何事不彻，岂容奴才犬马之人刍荛之见。奴才今奉差往湖广，来往似需数月。当此紧要之时，诚不容一刻放松也！否则稍为懈怠，倘高才捷足者先主子而得之。我主子之才智德学素俱，高人万倍，人之妒念一起，毒念即生，至势难中立之秋，悔无及矣。冒死上陈之罪，实出中心感激之诚，万求主子恕其无知，怜其向上，俯赐详阅纳行，则奴才幸甚，天下臣民幸甚。

从以上材料可以看出，戴铎主要从如何对待康熙皇帝、对待其他皇子，以及如何强化自身阵营三个方面，为胤禛出谋划策。

先说应对康熙，当今万岁爷那可是古今少有的英明圣主，给他当儿子，难度相当大，要是龙椅上坐的是个昏庸无能之辈，事情倒还简单。在康熙面前，如果表现得太无能，他压根儿看不上你，不会考虑将你立为接班人，比如跟着皇太后长大的胤祺，资质平庸，学习成绩特别一般，康熙从来没动过立他的心思。但如果表现得太有能力，他也不满意，此人掌握大权几十年，把权力看得比生命还重要，你是皇子，又有本事，他越来越老，变得力不从心，万一哪天取而代之，他何去何从呢？老八不就是这样，素有名望，群臣拥戴，结果呢，让康熙忌惮万分。所以对待当今圣上，表现得既不能无能，也不能过于优秀，要多多考虑他的父亲身份，平时尽量展现孝道，关心老人家的身体，叮嘱他在后宫享乐时要保持节制。延年益寿、安享晚年，比什么都重要。

至于老皇帝身边的人，比如负责服侍的太监、宫女之类，他们地位虽低，可与康熙朝夕相处，在皇帝面前美言几句，也许用处不大，可如果说的是坏话，哪怕康熙只听进去一句，那对自己也是大大不利。戴铎建议胤禛平时要注意和太监、宫女们搞好关系，他们要是不小心犯了错，在不影响利益的基础上，能帮忙就帮忙，他们会牢记在心，万一真到了关键时刻，没准儿这些人会感念之前的恩德，助自己一臂之力。

至于那些不省心的兄弟，面对这些人，要以八面玲珑、包容和善的态度处之，不要过早展现自己的偏好，避免因为小问题与其他派系结仇。那些能力不突出，或者对争储没什么欲望的皇子，可以考虑吸收过来，壮大自己团队，以后要是成功了，他们必然也能得到重用。

对于胤禛自己这边，戴铎认为只要办好康熙交代的各项工作就行了，其他朝政上的事情，能不打听就不打听，能不参与就不参与。尽最大的努力避开嫌疑，给人一种对时政漠不关心、毫无兴趣的感觉。诸位皇子间的争斗，已经让康熙身心俱疲，不能对朝局过于关心，活跃在政治舞台上，没事就发表点意见，容易暴露野心，体现出对参政议政乃至掌握权力的欲望，否则会被其他阿哥群起而攻之，而康熙皇帝也不喜欢这样的人。

还有一点，就是要广泛地培养人才，留意自己手下那些有识之士，把他们安排到朝廷、地方的一些重要岗位上，加强历练，有了提携、知遇之恩，这些督抚、尚书、侍郎就会对雍亲王感激得五体投地，在日后的政治斗争中，甘愿赴汤蹈火。试想，如果是其他皇子上台了，一朝天子一朝臣，重要岗位肯定用自己人，原来的人不就站错了队？以后靠边站不说，政治前途基本上就结束了，所以他们无论如何都要确保自己的主子登基。如果没有一个强有力的团队，光靠一个光杆司令，想要和盘根错节、上上下下均有干将的其他对手竞争，明显是不行的。

对于戴铎的建议，胤禛看完后反应冷淡，非但没有表扬，还把他狠狠地批了一顿："语言虽则金石，与我分中无用。我若有此心，断不如此行履也。况亦大苦之事，避之不能，尚有希图之举乎？至于君臣利害之关，终身荣辱之际，全不在此，无祸无福，至终保任。汝但为我放心，凡此等居心语言，切不可动，慎之，慎之。"认为这些都是废话，我胤禛就算真的要去争皇位，也断然不会按照你戴铎的建议行事，更何况当皇帝本身是件非常非常苦的差事，我躲还来不及呢，怎么可能会去主动追求呢？最后还要求戴铎不要再动帮助自己夺位的心思，或者是发表相关的言论，谨慎再谨慎。当然，话是这么说，做又是另外一回事了。从后面的历史发展看，戴铎的建议基本上都被采纳了，胤禛如此回复，实际上也是在按照戴铎的想法行事，那就是把野心、欲望隐藏起来，即使是面对自己人，也不要留下字据。天底下没有不透风的墙，假如胤禛回复的是采纳戴铎的建议，哪天这份材料被政治对手获取了，那就是把柄，举报到康熙面前，胤禛肯定没好果子吃。

知道得太多，入局太深，也为戴铎埋下了杀身之祸。后来胤禛顺利登基，在雍正三年（公元1725年）以贪污等罪名将戴铎处理了，当年的献策虽然有道理，也取得了成功，但存活的知情人士越少越好。在康熙末年其他的书信中，戴铎常常给主子传递负能量，所谓"怨望讥议，非止一端"，比如"奴才在福建衙门甚苦""奴才自到福建以来，甚是穷苦，屡次告病不准，详（想）请军前效力，又奉部驳，奴才万分无奈，寻思无策"，辛苦、没办法这样的字眼经常出现。

戴铎有时还会给出一些大胆却很无厘头的建议，使胤禛颇为无语。老十四做了大将军王后，他对主子的前景不太看好，建议把自己调到东南的海岛去，苦心经营，作为胤禛日后失败的流亡之地："奴才查台湾一处，远处海洋之外，另各一方，沃野千里。台湾道一缺，兼管兵马钱粮，若将奴才调补彼处替主子吞聚训练，亦可为将来之退计。即奴才受主子国士之知，亦誓不再事他人也。"

当然，这种建议不具备操作性，胤禛看不上，直接驳斥："你在京若此做人，我断不如此待你也。你这样人，我以国士待你，你比骂我还利害。你若如此存心，不有非灾，必遭天谴。我劝你好好做你的道罢。"

飞鸟尽，良弓藏；敌国破，谋臣亡。越是掌握核心机要的人，有时候越是危险。这也告诉我们，"水满则溢，月圆则亏"的道理是多么真实。范蠡在吴国灭亡后，功成身退，携美归隐，转战商界，成为"陶朱公"，相比起来是何等明智。

戒急用忍不树敌

前文提到，军师戴铎给四阿哥胤禛出谋划策，曾说过这样一句话："而不知孝以事之，诚以格之，和以结之，忍以容之，而父子兄弟之间，无不相得者。我主子天性仁孝，皇上前毫无所疵，其诸王阿哥之中，俱当以大度包容，使有才者不为忌，无才者以为靠。"意在告诉主子处理好与领导、兄弟间的关系，不要急于争取太子之位，更不要立即表露出野心，那样只会迅速成为众矢之的。

这就好比东汉末年的袁术，大家都是割据一方的土皇帝，表面上都愿意接受朝廷的领导，心甘情愿做大汉的臣子。袁术占据淮南之地，得到了玉玺，偏偏要去登基称帝，消息传出，很快成为全民公敌，并最终败亡。胤禛当年就吸取了教训。夺嫡之战爆发前，乃至竞争激烈的前期、中期，他都能维持好与各大集团的关系，不与任何一方为敌。给人的感觉是他就和五阿哥胤祺、十二阿哥胤祹这种角色一样，身处事外，悠然自得，对最高权力没有丝毫兴趣。

对于八阿哥胤禩，并不像电视剧《雍正王朝》或者其他相同题材的小说写的那样，胤禛和他成年后就剑拔弩张，恨不得啖其肉、寝其皮，关系反而相当不错。跟八阿哥势同水火并不符合胤禛初期不树敌的战略。1694年，康熙为众皇子建造府邸，胤禛的家和胤禩的家就在一起，两人是邻居，平时串门拜访特别方便。1707年，康熙要求阿哥们在畅春园附近建造别墅，方便父子间的来往，胤禛此次又与老八住得很近，这可是他们主动选择的结果。两人要是水火不容，那肯定是离得越远越好，更何况他们出身皇家，根本不差钱，不会因为经济原因而勉为其难地住到一起。

但胤禛和二阿哥早年是有过节的。有一次，双方爆发了激烈冲突，盛怒之下，胤礽飞起一脚，将胤禛踢下台阶，胤禛当场昏迷不醒。这件事情众所周知，按照一般人的想法，胤禛肯定会对二阿哥心存芥蒂，只是碍于二阿哥是太子，不能报复。

1708年，胤礽首次被废，当时胤禛与老八都不在场，离京出差办理事务。康熙刚开始安排大阿哥胤禔看管胤礽，后来又改成由胤禛和胤禔共同看管，这样的安排，明显是受了老大言论的影响，胤禔想要杀掉胤礽，现在安排他看管，那不就是让孙猴子管理蟠桃园，成心看着胤礽遇害？康熙写好了废黜太子的告天文书，把材料给胤礽看，胤礽相当不屑：我的太子是你封的，现在把我给废了，何必要告诉老天爷呢？康熙听后很不满意，朕是天子，替天行道，太子是未来的天子，现在废了，怎么能不向老天爷汇报工作呢？胤礽这样胡说八道，以后他的话就不用报给我了。

胤禔将康熙的意思转告给了胤礽，胤礽却说："父皇若说我别样的不是，事事都有，只弑逆的事，我实无此心，须代我奏明。"老大听后明确表示拒绝：之前父皇已经交代

冬天围炉读书的四阿哥胤禛

过，你总是胡言乱语，这些话根本不需要上奏。胤禔也是对储君之位有想法的人，他也担心胤礽这样诉衷情，表明心迹，康熙又苦心培养他这么多年，要是听进去了，放胤礽一马，重新立为太子，自己岂不是错失良机？

废太子的话，胤禛也听到了，他起身去找了八爷党的核心骨干——九阿哥胤禟。之前老大向康熙推荐老八，已经坑了胤禩一把，老八团队意见很大，现在听说胤禔又要干这样的事情，就力劝胤禛，说这件事关系甚大，应该帮助胤礽奏报皇帝。

康熙听了以后，非常认可胤禛的行为，胤礽之前如此受宠，以自己对他的了解，就是借他一百个脑袋，他也不敢做谋逆的事情，便下令解开废太子身上的锁链。通过这件事情，康熙对胤禛的好感度大增，表扬道："前拘禁允（胤）礽时，并无一人为之陈奏，惟四阿哥性量过人，深知大义，屡在朕前为胤礽保奏，似此居心行事，洵是伟人。"之前囚禁胤礽的时候，大家都保持沉默，还有的落井下石，一方面是因为康熙正在气头上，谁敢跟他对着干？来求个情什么的，等于引火烧身。再说胤礽的所作所为，的确是糟糕透顶，这种人被废，绝对属于罪有应得。当初胤礽是怎么踹胤禛的，大家心里也是一清二楚，这么多年过去了，还是许多人津津乐道的笑柄。可现在胤禛又不计前嫌地帮助胤礽，这说明什么？说明宰相肚里能撑船，他是个通晓事理、道德高尚的人，甚至康熙都把胤禛称为"伟人"，这两个字的分量着实不轻。

鼓起勇气转奏胤礽的话，本来已经十分难得了，没想到胤禛被表扬后，表现出来的态度弥足珍贵。对于一般人来说，领导兼爸爸如此肯定自己，那听了应该非常高兴啊，胤禛却表现出诚惶诚恐的样子："皇父褒嘉之旨，臣不敢仰承。"回答得极会做人、极其到位，简直滴水不漏，无懈可击，优秀的人偏偏还那么谦虚，这不是模范又是什么呢？康熙心中对胤禛的好感度又直线飙升。

胤礽对老四那更是感激得五体投地，前有康熙怒斥他胡说八道，一切言论不必向他汇报的命令；后有胤禔虎视眈眈，意欲除之而后快。双重压力之下，老四依然冒着生命危险转奏父皇，并为自己取得了实实在在的好处，对老四的好感度，或者说爱禛之心，也自然急剧上升。

胤禛这样做，是为了讨好康熙，以及胤礽，因为按照眼下这个局势，如果新的太子不是胤礽，那八成是胤禔或者其他的阿哥，康熙传位给自己的可能性微乎其微，与其让其他兄弟捡了便宜，还不如帮助胤礽一回——人家本来就是太子，按照既定的游戏规则，不出事的话就是他接班，父皇对他培养多年，倾注了这么多心血，不可能一下子就彻底抛弃。一旦胤礽得到谅解、复位，自己的努力与作为就会得到父皇和胤礽的双重认可。

至于事先征求九阿哥胤禟的意见，那更是神来之笔了，问老九，其实就是在问八爷党。这么重要的操作，胤禛完全可以谁的意见也不问，直接向领导汇报。但他偏偏就征求胤禟的想法，使八爷党认为自己获得了尊重，对四阿哥更加肯定。之前因为老大的言论，老八已经被殃及，胤禛与胤禔对着干，非常符合胤禟他们的利益，简直就是帮他们报仇了。所以说别看只是小小的征求意见，背后却是一箭双雕。

其实八爷党还有个秘密，那就是胤禟、胤䄉等人都私藏毒药，哪天老八要是遭遇不测，老九等人就与八阿哥共赴黄泉。因为大家平日素有往来，关系上还过得去，胤䄉等老八的党羽就没瞒着老四。1711年，老八的生母良妃薨逝，胤禩痛哭流涕，一心只想为母亲守孝，场面令人动容。见到八阿哥这番模样，几位兄弟决定轮流给老八送饭，其中一位就是胤禛。吃着四哥送来的"爱心午餐"，双方的亲情继续升温。

1709年，康熙决定复立胤礽，同时为了平衡大家的心理，给诸皇子大肆封爵，其中胤禟、胤䄉等人被封为贝子。听说了这个消息，刚刚被封为亲王的胤禛又上奏康熙，说愿意降低自己的爵位，再把弟弟们的爵位给晋升晋升，这样兄弟们获得的待遇都差不多，雨露均沾，有利于和睦相处。受够了老大的骨肉相残、老八的收买人心，内心正颇为失望的康熙，看到胤禛主动让爵于弟弟，心里当然十分开心。虽然胤禛的意见最终没有被康熙采纳，胤禟、胤䄉等皇子也没能连升两级，但这几位阿哥看到他的心意，当然会感念四哥的深情厚谊。

1716年，八阿哥胤禩身患伤寒之症，生命垂危，之前由于"毙鹰"等事件，他已经被康熙列入黑名单，政治生涯已经被判了死刑。康熙得知胤禩病重，就问胤禛怎么还不去看望老八。虽然八弟之前触怒了父皇，但好歹也是兄弟，胤禛一听这话，就真的跑去看望了，也不顾忌可能出现的后果。在潜意识里面，和其他兄弟保持良好的关系，即使遇到竞争对手也要表面上友善，是胤禛不自觉的行为，这已经深深烙印在他的行为模式中。在现代的职场中，其实也不乏胤禛这样的人，演技高超，表面上做的实际上并非心里所想，只是为了达到不可告人的目的罢了。就像麦克利兰提出的冰山模型，一个人的知识、能力是在冰山之上露出海面的部分，比较直观也容易被人发现，可他的动机、价值观、品质是藏在海水之下的，轻易不会被人发现，只有深入了解之后，也许才能瞥见一二。人性的复杂，莫过于此。

韬光养晦观虎斗

老大被判处终身监禁，在高墙大院里专心生娃；老二被父皇两立两废，宛如豪华鸟笼里的金丝雀，锦衣玉食却无自由可言；老八也在被父皇斥责后彻底出局。尽管如此，朝廷里面的风波并没有彻底消停。胤禛就像个吃瓜群众一样，默默看着紫禁城和畅春园这两个地方上演的一幕幕好戏。

根据藩属国朝鲜的记载，第二次废黜胤礽后，康熙仍然有后悔的意思。1713年，天下士子云集京师，参加科举考试中的会试，如果通过就能成为贡士，获得参加殿试的资格，其重要程度不言而喻。这一年会试的考题为"放太甲于桐宫"，太甲是商朝的一个王，刚开始荒淫无道，被大臣伊尹安置在桐宫里关禁闭，三年以后，太甲终于洗心革面，深刻认识到自己的所作所为给人民群众带来了多大的伤害，检讨更是写了一篇又一篇，伊尹见太甲总算改邪归正，决定将其迎回，继续做商王。

现在会试出了这么道题目，是否有言外之意？大家纷纷猜测，有分析认为废太子胤礽就是太甲，虽然康熙把他废了两次，但心里实际上还是爱他的，没准儿过个几年又放出来，第三次立为太子了。

此时的胤礽仍处于监禁之中,成天愁眉不展:尽管父皇待自己不薄,天天好吃好喝供着,物质生活极其优渥,但毕竟当了几十年太子,距离皇位仅半步之遥,以后哪天新帝登基了,按照几千年的历史规律,他这个废太子岂有活命之理?如果真有活命的机会,那绝对是因为某位弟弟高风亮节。为了把命运掌握在自己手里,重新夺回失去的一切,他决定走一步险棋,听说准噶尔部的策妄阿拉布坦在派兵骚扰哈密地区,父皇已命令富宁安领兵征讨,他就想着骑上战马,率领军队出征。怎样把这个想法传出去,让父皇知道呢?当时有个叫贺孟頫的医生上门,为胤礽的福晋看病,胤礽便用矾水写信,由贺医生悄悄带出去,交给正红旗满洲都统公普奇,让他找机会向皇帝举荐自己为大将军。

可惜这件事被辅国公阿布兰打探到,在八爷党的操作下,阿布兰把事情抖了出来,康熙大怒,判处普奇拘禁,贺孟頫斩首。当时坊间还有流言,说老皇帝褒奖了二阿哥,留有旨意。这是谁散布的谣言呢?康熙认为没别人,就是胤礽还有普奇,这是在为他复出制造舆论,这一条也成为二阿哥的罪状。以前还有位活佛曾经预言过胤礽的吉凶,现在他有可能再次来京,胤礽听说后表现得非常积极,之前活佛说自己有灾,果然应验了,这次一定要找他再问问自己的前程。康熙得知后依然不高兴,在他眼里,胤礽已经被废,现在又想要问前程,说明心里不安分,是不是还想说出那句名言:自古以来哪有四十年的太子?

接连遭遇打击,足以说明坊间的流言的确是谣言,康熙根本就没有半点复立胤礽的想法,凡事可一可二不可三呀!事不过三的道理,饱读诗书的皇帝岂能不明白,可偏偏就还有人不信邪,比如大学士王掞。王掞的祖上,那可是出过大人物的,大明万历年间的首辅王锡爵,当时明神宗朱翊钧想要废长立幼,安排他喜欢的郑贵妃之子福王朱常洵接班,此举明显违背了"有嫡立嫡,无嫡立长"的传统,王锡爵与皇帝对着干,最终取得胜利,皇长子朱常洛成了皇太子。时过境迁，王掞认为他要继承祖上的遗志，在清朝也争一争国本，建议康熙按照原来的制度，复立嫡长子胤礽。对此，康熙很不以为意，不仅把王掞怒斥了一顿，甚至把王锡爵也狠狠批判了，说他与明朝的灭亡脱不了干系。正是因为立了朱常洛，才有后面的明熹宗朱由校、明思宗朱由检，在他们的领导下，大明朝逐渐走向灭亡，现在王掞又要继承祖业，来祸害我们大清了，真是用心险恶。事实证明，胤礽不行就是不行，强行把他扶上去，对这个政权、对天下百姓，都是一场悲剧。王掞就是认死理，完全不以国计民生为重，有些泥古不化。

1718年，翰林院检讨朱天保再次奏请复立胤礽。据他的观察，胤礽距离上一次被废已经很久了，老皇帝至今也没有立新的太子，这说明了什么？他仔细揣摩领导的意图，最终脑洞大开，认为康熙其实是想再次复立胤礽的，之所以没有付诸行动，是因为不好意思，两立两废，再提出来，老脸往哪里搁呀？在奏折里，朱天保说二阿哥原本就非常仁爱、孝顺，自从被圈禁以来，表现得非常安静，没有闹事，说明他"圣者益圣，贤者益贤"，所以应该再次立为太子，之前那些种种不端之举，都被朱天保选择性无视了。他还说要赶紧立太子，否则诸位阿哥都有觊觎之心，以后想要避免骨肉相残的悲剧，几乎不可能了。老皇帝刚开始感觉很暖心，忠臣啊！但阿灵阿不那么看，认为朱天保是在投机，如果老皇帝真因此复立了胤礽，太子登基后，不得好好感谢朱天保的再造之恩，封他个一品大员？

康熙就召见朱天保，问他是怎么知道二阿哥仁孝的，朱天宝就说他父亲以前是兵部侍郎，了解一些情况。老皇帝无奈地摇摇头，说那是以前，后来得了疯病，什么事都不知道了，行为举止也很怪异，他还曾骂过你的伯父，这些你都知道吗？朱天保说不知，冒昧上奏，罪该万死。康熙又问：你表扬胤礽"圣者益圣，贤者益贤"，有何依据？朱天保说是他父亲从看管二阿哥的人那里听来的，康熙追问具体是哪个人，朱天保词穷，只是一个劲地说自己该死。当了几十年的皇帝，康熙拥有极强的职业敏感性，他判断背后必有同谋，朱天保就是个无知的工具人，不过是帮主使传传话而已。

经查实，朱天宝的父亲朱都纳，还有都统齐世、内阁学士金宝等人，都是同伙。康熙当然要审问他们了，和朱天保差不多，朱都纳也是只知其一不知其二，很多关于胤礽现在的好话都是推测臆想出来的。他还把现在康熙与二阿哥的关系，比作西汉时期的汉武帝与刘据，由于巫蛊之祸，太子刘据起兵被杀，汉武帝明白过来以后十分后悔，建造了"思子宫"。朱都纳举这个例子，是希望康熙赶紧复立胤礽，不要像刘彻一样后悔。康熙很不以为然，认为举例不当："朕于二阿哥，并无间隔，即拘禁处，朕常遣内监往视，赐物赐食。现今二阿哥颜貌丰满，伊子七八人，朕皆留养宫中。"一番话怼得朱都纳理屈词穷，说皇帝凌迟处死他都不为过，只求能饶恕朱天保一命。

康熙经过认真思考，断定朱氏父子的确是在投机，妄想着说动自己复立胤礽，他们好加官进爵，顺势而起。对于这样的人，以及朝廷里面其他幻想着复立二阿哥的人，绝不能轻易放过。奏折是以朱天保的名义交上来的，那就直接处斩，他的父亲朱都纳、金宝、齐世等人都受到流放、革职等处分。从此以后，朝内依然对胤礽抱有幻想的政客们，基本上都消停了。以前是不见棺材不落泪，现在呢，朱天保的下场就是例子，他用鲜血的代价告诉人们，二阿哥真的不适合再拿来做政治投资了，他已经赔得血本无归，连身家性命都搭了进去。

等到1721年，眼见老皇帝在位一甲子，全国上下都在热热闹闹地举办庆典，王掞又上疏希望康熙早日确定储君；监察御史陶彝等十二人也写奏折，请老皇帝早定储位，以光大典。不用说，此举又引起康熙的暴怒，要求王掞交代目的，王师傅也是硬骨头，天寒地冻的，他在宫门外的石阶上铺设纸张，用唾液研墨写奏章。康熙更加生气，这是在逼宫啊！怒斥道："六十年大庆，大学士王掞等不悦，以朕衰迈，谓宜建储，欲放出二阿哥，伊等借此邀荣。"意思是：你们看我老了快不行了，就建议我把胤礽放出来，新帝登基后好享受荣华富贵。你们不是说自己的行为是为国为君吗？那好，现在前线正在打仗，正是用人之际，你们都给我去吧。陶彝等十二人立即奔赴前线，王掞因为年过七十，真要去了估计会死在半道上，准由其子少詹事王奕清代为前往。在位六十周年大庆，本来是康熙帝王生涯的重要里程碑，没想到发生了这样的不愉快。

身陷囹圄的胤礽，内心深处其实并不安分，又继续挣扎了几下，还是被康熙牢牢地摁了下去。有些大臣其实也不够安分，想着帮胤礽说好话，等他复位了，自己有好处可得。其实康熙根本就没有这个意思，自己弄巧成拙，最后引来了杀身之祸。这一切，胤禛都看在眼里，但他也只是默默看着。老大、老二仿佛进了十八层地狱，按照之前嫡长子继承制的原则，在没有嫡长子的情况下，就应该册立庶长子，胤禔已经彻底没戏了，按照顺位，三阿哥诚亲王胤祉，似乎有点儿可能。

胤祉虽然是三哥，实际上只比胤禛大了一岁，年龄差距小，不妨碍人家是三哥。老三天生有个大毛病，说话不利索，口头表达能力低下，或者说有很大的提升空间。虽然有硬伤，但胤祉其他方面的能力极强，可以说是能文能武，论骑射，胤祉技术高超，每次狩猎所得不亚于老大胤禔；论军事，1696年，他追随父皇御驾亲征噶尔丹，奉命掌管镶红旗大营，曾对军事方案提出过个人见解，得到康熙皇帝的采纳。

三阿哥胤祉

学识方面，胤祉更是才华横溢，他在畅春园的蒙养斋开馆，大量吸收文人学者担任工作人员，主持编纂了《律历渊源》，此外，他还是编辑中国历史上第二部大型类书《古今图书集成》的倡议人，这都是实实在在的成果。很少有人知道，胤祉还组织过测量北极高度的活动，他派人前往广东、云南、江西、浙江等省份，实地测量北极高度和日影。可谓学贯中西，饱读诗书，堪称文武全才。

皇子开馆这件事，在历史上并非没有，像唐太宗的皇子魏王李泰，就曾召集文人开馆编撰《括地志》，唐高宗时期的章怀太子李贤，也曾召集文人为《后汉书》作注解，后世称为"章怀注"。召集这么多人，表面上是为修书，实际上是为了建设一套自己的班底，平时身边可以有人为自己出谋划策，以后可能的话，还可以将他们安排到官场成为自己的左膀右臂。胤祉编辑团队中比较重要的人物是陈梦雷、方苞，前者的代表作有《周易浅述》《松鹤山房文集》《松鹤山房诗集》《天一道人集》，后者是桐城派散文创始人，大家都亲切地称之为"方先生"。个人能力这么强，又能文能武，还有文坛大佬相助，在长幼顺序上还占据优势，这样的人，怎么会对太子之位完全不动心呢？

答案当然是否定的，没过多久，一个叫孟光祖的人出现了，他带着礼物跑到四川去见巡抚年羹尧，希望年大人大力支持三阿哥胤祉。

年羹尧十分感谢诚亲王的信任与厚爱，回赠了不少银两与马匹。过了一段时间，孟光祖又出现在了江西南昌，成为江西巡抚的座上宾，出于回报，巡抚大人赠送了银两绸缎。按照正常的制度要求，皇子派人向地方大员赠送物件，官员们应该及时上报，可他们担心得罪胤祉，都没有尽到自己的责任。

就这样，孟光祖活动了好几年，走遍大江南北，终于被直隶巡抚赵弘燮举报到朝廷。康熙下令捉拿孟光祖，判处斩刑，江西巡抚革职，四川巡抚年羹尧革职留任，但是他无意处分三阿哥胤祉，甚至担心对老三造成不必要的影响。

他对魏廷珍说：你每天和三阿哥一起写书，如果有这种事，你要以身家性命去保他！在康熙看来，孟光祖只是个江湖骗子，借胤祉之名招摇撞骗、谋取钱财，有些地方督抚经不起考验，首鼠两端，生怕孟光祖真是三阿哥派来的，本着宁可信其有，不可信其无的原则曲意逢迎，属于政治立场不够坚定。东窗事发后，康熙对这种人肯定不会放过，你们的官职是朕封的，必须绝对无条件地服从，怎么能接受皇子的讨好呢？

胤禛后来指责老三，说自从老大、老二出事后，他就自然而然地把自己视为储君，还说胤祉希望继承皇位。阿哥们但凡是个正常人，都或多或少会对皇位有些想法，胤禛难道就没有觊觎之心吗？只不过成王败寇，胤禛最后胜利了，他就是合理合法的；胤祉没能笑到最后，他之前的争储行径自然也就成了罪状。

在聪明人面前装糊涂

康熙末年，随着太子胤礽两立两废，皇子们悉数上台，"乱哄哄，你方唱罢我登场"，好不热闹。争夺太子之位，实际上就是在争夺未来的皇权，掌握了最高权力，工作上可以施展个人抱负，成为影响大清发展进程的统治者；生活上可以享尽人间珍馐，获得全大清最高等级的各类保障。胤禛想不想成为龙椅的拥有者呢？他做梦都想。可其他兄弟又何尝不是呢？老大、老八已经碰得头破血流，一个被判处终身监禁，另一个被父皇屡屡责备，即使如此，胤禛也未急于上场，他平时醉心佛事、友爱兄弟、孝顺父皇，看不出一丝一毫的野心，简直是"天下第一闲人"。他曾经写过名为《园居》的诗表露心迹，总共两首，其二如下：

园居

懒问浮沉事，闲娱花柳朝。吴儿调凤曲，越女按鸾箫。
道许山僧访，棋将野叟招。漆园非所慕，适志即逍遥。

第一句话便直抒胸臆，说不愿意上班，懒得管红尘中乱七八糟的事情，只想逍遥快活，或者到深山古庙里找和尚参禅悟道，或者去跟山野村夫切磋棋艺。"漆园"，那是有典故的，根据《史记·老庄申韩列传》记载，庄子曾经做过漆园吏这样的小官，楚王听说他才华横溢，派人拿着巨款找到庄子：你还当什么小吏呀！赶紧去我们楚地当宰相吧！普通人听到这个消息，恐怕都会立马五体投地，感激楚王的再造之恩，庄子却笑呵呵地回答：你赶紧回去吧，不要用功名利禄来玷污我！我根本就看不上这些俗物。胤禛在《园居》提到这个典故，就是在告诉别人，他就是想效仿庄子，过着逍遥快活的日子，对世俗的权力、地位压根儿没有兴趣，唯一的乐趣就是拿着朝廷给的爵位待遇，保证吃穿用度，再纵情于山水茶艺，过着精神上富足的生活。

在这个时期，胤禛做了大量阅读积累，他把喜欢的文字收录起来，编成《悦心集》，比如他特别垂青唐伯虎的《一世歌》，认为人活在世上，就要及时行乐，毕竟人生就这么短短的几十年，当时活到七十岁非常少见，称为"古稀"，大多数人都到不了这个岁数，除去不懂事的幼年，还有力不从心的老年，年富力强的时间真心不多，更何况还有夏日的炎热、冬日的寒冷、工作生活带来的种种烦恼。为什么不转变心态，对酒当歌，花前月下呢？你说要忙着赚钱，钱是赚不完的。你说要忙着钻研仕途，可想要当官的人多得是，即使真的当大官了，地位越高，责任越重，压力也越大，想要保住自

在书房抄写经文的四阿哥胤禛

己的地位，又要产生更多的烦恼，久而久之，头发都得愁白了。所以说要立足当下，关注眼前，享受每一分每一秒的乐趣，才能不枉在人世间走一遭。

一世歌

人生七十古来稀，前除幼年后除老。

中间光景不多时，又有炎霜与烦恼。

过了中秋月不明，过了清明花不好。

花前月下且高歌，急须满把金樽倒。

世人钱多赚不尽，朝里官多做不了。

官大钱多心转忧，落得自家头白早。

春夏秋冬捻指间，钟送黄昏鸡报晓。

请君细点眼前人，一年一度埋荒草。

草里高低多少坟，一年一半无人扫。

类似的还有布袋和尚《呵呵令》：

我笑那汤与武，你夺天子。你道没有个旁人儿觑，觑破了这意儿，也不过十字街头小经纪。逗有什么龙逢、比干、伊和吕。也有什么巢父、许由、夷与齐。只这般唧唧哝哝的，我也那里工夫笑着你。我笑那李老聃，五千言的道德；我笑那释迦佛，五千卷的文字；干惹得那些道士们去打云锣，和尚们去敲木鱼，生出无穷活计，又笑那孔子的老头儿，你絮絮叨叨，说什么道学文章，也平白地把好些活人都弄死。

住！住！住！还有一笑，我笑那天上的玉皇，地下的阎王，与那古往今来的帝王。你戴着平天冠，衣着衮龙袍，适俗套儿生出什么好意思，你自去想一想？苦也么苦，痴也么痴。着什么来由？干碌碌大家喧喧嚷嚷的无休息。

读过该文，你无论怎么联想，都不会认为喜欢这篇作品的人会是个想要争夺皇位的野心家。要知道，那可是俗得不能再俗的东西了。在胤禛看来，天上的玉皇大帝、地府的阎王，还有历史上那些皇帝，他们干得有什么意思，整天忙忙碌碌的，把自己折腾得够呛，心里累得要命，哪里有什么快乐可言？像我们这种含着金汤匙出生的皇子，一辈子衣食无忧，就应该放下烦恼，快乐地度过每一天。

再看《醒世歌》：

南来北往走西东，看得浮生总是空。天也空，地也空，人生杳杳在其中。日也空，月也空，来来往往有何功？田也空，地也空，换了多少主人翁。金也空，银也空，死后何曾在手中？妻也空，子也空，黄泉路上不相逢。《大藏经》中空是色，《般若经》中色是空。朝走西来暮走东，人生恰是采花蜂。采得百花成蜜后，到头辛苦一场空。夜深听得三更鼓，翻身不觉五更钟。从头仔细思量看，便是南柯一梦中。

人空手来，空手走，那些你曾经为之着迷、为之疯狂的田产、金银，都不会完全属于你，等到人去世了，它们与你也不会有任何瓜葛，都成为其他人的财产或者无主的物件。人这一辈子，就好比是一场梦，有开始就有结束，等到日落梦醒，又好像什么都没有发生过一样。

其他皇子，天天忙着召集手下党羽，没日没夜地谋划，一门心思研究怎样才能脱颖而出，获得父皇的认可，好最终坐上龙椅。反观胤禛这边，他以"富贵闲人"自居，通过各种途径表明自己无意争取皇位，只想过着恬淡闲适的生活。三百多年后，阅读胤禛遗留下来的诗作，可以发现他的生活的确多姿多彩，日子过得也很有意思。比如炎热的夏日，他独自坐在书斋里面，看着疾风吹走了石头，雨水滴落在荷叶上，有了灵感就开始创作，只要有闲情就看看以前写的作品，过得非常惬意、有情调。

书斋坐雨

长夏书斋静，云低拂讲帷。

竹风扫翠石，荷雨滴清池。

逸兴开新酿，闲情检旧诗。

晚凉生几席，团扇不须披。

有时候看到池塘里的鱼，也会诗兴大发，迫不及待地写上一首，希望抓到以后可以拿到御膳房作为食材，献给领导兼父皇的康熙。前面我们说过，当初在康熙巡幸大江南北的时候，胤禛就特别喜欢以诗为手段，表达对领导的崇高敬意。

观鱼

羽卫随行幄，逶迤绿水隈。

棹分寒藻入，波涌锦鳞来。

网罟无空举，鳣鲂自暴腮。

烹鲜供御馔，竟日豫清洄。

去塞外，看见长势不错的庄稼，胤禛也会写诗吟咏，当然，在结尾的地方，也少不了对父皇的一顿猛夸，百姓每家每户的日子过好了，有充盈的粮食了，都会感念圣明皇帝的恩德。

塞外观稼

边陲环沃壤，树艺遍皋阳。

东作频沾雨，西成未陨霜。

两岐占瑞应，遗秉见丰穰。

比户盈宁日，衢歌感圣皇。

网上流传着许多雍正角色扮演的图片，胤禛时而扮演正襟危坐的佛祖，时而化身采菊东篱下的陶渊明，弯弓射大雕的成吉思汗、吟诵大江东去的苏东坡，甚至拿着兵器与猛虎搏斗的勇士。不明真相的吃瓜群众，还以为这是现代某些网友用电脑技术做出来的，然而，这些居然都是真的，在民间，人们对他的印象并不好，不苟言笑、杀人如麻。人果然是多面、善变的高级动物，换一个角度观察，往往就会有意外收获。这些画作大概率创作于胤禛当皇帝前那十年，从画像中人物的面容来看，30—40岁的样子，不算太年轻，也不算太老。这个阶段胤禛钟情于角色扮演，也有助于改变外人对他的看法，认为四阿哥就是个没事找事、玩法多样、别出心裁的另类富贵子弟，至于对皇位的觊觎，肯定不会有。

面对康熙这种古往今来少有的英明

在树下弹琴的四阿哥胤禛

之主，胤禛这一副闲人姿态算得上是恰到好处，可以说真正把这位领导、父亲给研究透了。经过两次废黜太子的风波，康熙已经想明白，他晚年下定决心不再册立太子，因为一旦又有了储君，不仅其他皇子会对其发起猛烈攻击，必欲除之而后快，还有可能又冒出个索额图那样的太子党，威胁到自己的权力。

康熙已垂垂老矣，平时政务繁忙，回宫后就渴求清净，最反感阿哥们结党营私，向他索取太子之位。表现得越明显，他就越反感。掌握了父皇的套路，胤禛就想方设法地及时行乐，老八等人明目张胆地想要当太子，那就随他们去吧，以父皇的个性，是肯定不会让八爷党得逞的。他深知，等到耐不住寂寞的对手们纷纷失败，父皇身体越来越差，自己的机会也就来了，自己羽翼丰满之日，就是自己最终亮剑一举成功之时。

胤禛麾下的"四大金刚"

除了某些著述,坊间也普遍认为胤禛在康熙晚年争取皇位的过程中,有所谓的"四大金刚",即十三阿哥胤祥、谋士戴铎、川陕总督年羹尧、步军统领隆科多。正是在这四位得力干将的鼎力支持下,胤禛顺利上位,成为君临天下的大清皇帝。我们下面分别来谈谈这几位大佬。

老十三胤祥,在雍正年间,可谓举足轻重的人物,被现代网友誉为"常务副皇帝"。但是在康熙年间,胤祥有一个明显的大起大落过程,这导致他对胤禛夺位的帮助非常有限。

胤祥的生母是敬敏皇贵妃章佳氏,系二等侍卫章佳·海宽之女,满洲镶黄旗包衣,经内务府选拔入宫,与蒙古人没什么关系。虽然章佳氏最后的封号是皇贵妃,地位仅次于皇后,但在生前,她非但不是皇贵妃,甚至连妃都不是,最高的身份是嫔,去世后才被追封为妃,并赐谥号"敏"(妃子有谥号的情况其实并不多见),直到后来雍正年间因胤祥深受器重,才又被追封为皇贵妃,陪葬景陵。她给康熙皇帝生下了三个孩子,除老十三胤祥外,还有和硕温恪公主、和硕敦恪公主两个女儿,说明她还是受到了一定的宠爱。

孩子中出类拔萃的当然就是胤祥了。根据史书记载，早年的胤祥深受康熙皇帝喜爱，"圣祖过，寻履迹伏地嗅之，其孺慕诚切如此"，其对父皇的仰慕可见一斑，儿子这样拳拳孝心，康熙当然十分感动。《八旗通志》还记载："王精于骑射，发必命中，驰骤如飞，尝从猎，猛虎突出林间，王神色不动，手利刃刺之，见者服其神勇。诗文翰墨，皆工敏清新。"胤祥还是个文武全才，满人素来重视骑马射箭功夫，十三阿哥是其中的佼佼者，具备百发百中的本领，还说有一次狩猎，猛虎突然就扑了出来，胤祥处变不惊，手持利刃将老虎击杀，堪比《水浒传》中的武松，目击者都被十三阿哥的勇武所折服。胤祥的文采也非常出色，写出来的诗歌、文章别具特色。

既孝顺，又有才华，这样的儿子，十有八九都是父母的骄傲，胤祥也是如此。"康熙三十七年（公元1698年），从上谒陵。自是有巡幸，辄从"。胤祥出生于1686年，比胤禛要小八岁，十二岁即跟随父皇到盛京谒陵，此后更成了康熙每次巡幸的固定见证者。1702年，康熙单独安排胤祥去祭祀泰山。秦始皇、汉武帝、汉光武帝、唐高宗、唐玄宗、宋真宗等都曾封禅泰山，到清朝已经不举办帝王封禅的活动了，只举行祭祀活动，康熙把祭祀泰山的活动交与胤祥，也足见其对皇十三子的信任。

令人扼腕叹息的是，自从废太子事件发生后，原本受宠的胤祥突然就被圈禁了，直到雍正登基他才回到人们的视野。1709年，康熙大封皇子，老三、老四、老五被封为亲王，老七、老十被封为郡王，老九、老十二、老十四被封为贝子，老八由于追求太子之位，没有得到晋升，依然是贝勒，对胤祥提都未提，这明显是有意为之。次年，康熙又给皇子们赏赐银两，十三阿哥又一次被选择性忽略。非但如此，康熙还批评起了胤祥，说他是"不大勤学忠孝之人"，并提醒其他人"尔等若放任之，必在一处遇着他，不可不防"。从其早年的经历看，胤祥绝对是个勤学忠孝之人，否则也不可能文武双全，日后胤禛也不会重用他，康熙有这样的感觉，明显与事实不符，此后十余年间事迹的空白，也当与此高度相关，必然是因为什么触怒了康熙，并招致了长期的圈禁。

后来胤禛说过这样一句话："怡亲王因二阿哥事无辜被牵连。"具体怎么个牵连法不知道，推测下来可能是胤祥在保太子的过程中，行为过于激烈，或者遭人陷害，使康熙大为恼火，原先积累的好感烟消云散，对他的好印象荡然无存。还有人认为是胤祥在争夺太子之位，但当时胤祥不过二十岁出头，爵位也没有，根基尚浅，如果他真的像大阿哥那样，也希望有朝一日登基，胤禛即位后也不可能把他放出来，其结局当和胤禔、胤礽一样，永无出头之日。两相对比，还是在保太子事件上行为过激，或者说蒙受不白之冤的可能性更大。胤禛从小就和老十三关系密切，"每逢扈从，兄弟俩相依"，只要是跟随父皇出巡，兄弟俩就走在一起、待在一起。胤禛还给胤祥当过老师，"尊奉皇考之命，受弟算学"，也有值得怀念、温馨的瞬间，可惜后来胤祥被关了禁闭，对于胤禛的夺位难以提供有效的支持了。

我们再来谈谈年羹尧，看过《雍正王朝》《李卫当官》等电视剧的朋友，对年羹尧一定有着非常深刻的印象，每次提起他，脑海里闪过的关键词就是"飞扬跋扈"。年羹尧有没有嚣张的资本呢？你别说，人家还真有，他家往前数好几代，都是当官的。年家籍贯原本是安徽的，姓严，后来以讹传讹，变成"年"，索性将错就错。后来年氏家族迁到了辽东广宁，明末清初，年羹尧的曾祖父年有升被清军裹挟入旗，隶属于汉军镶白旗，这是他们家与清朝有瓜葛的开始。年羹尧爷爷年仲隆于顺治十二年（公元1655年）考上了进士，担任知州等官职。年羹尧的爸爸年遐龄，那是更上一层楼，历任河南道御史、宗人府府丞、内阁学士、工部右侍郎、工部左侍郎，最后当上了湖广巡抚。

在任上，年遐龄上奏弹劾黄梅县知县李锦亏空三千两白银，请求革职并追究他的责任，朝廷同意了。没想到黄梅县的百姓不干了，集合了上万人，把城门关闭，不让李知县离开。事情闹大了，朝廷又派总督郭琇查明情况，结果发现李锦压根儿没有亏空，所欠的三千两属于民欠，其本人两袖清风，深得百姓爱戴，并无违法行为。这下尴尬了，总督建议李锦留任。最终的结论是，"凡官员去留之权，岂可令百姓干预，聚众肆行之风，亦渐不可长"。康熙认为官员的人事任免，不是老百姓说了算的，而且这种大规模的聚集之风，更是不能助长。李锦的官虽然做得好，但不能继续在黄梅县任职，调往直隶附近地区，郭琇、年遐龄昏庸无能，不能约束军民，均降一级留任。这件事发生在1701年，三年后，六十一岁的年遐龄就以身体健康不佳为由，主动离开了领导岗位。

年羹尧出生于1679年，和与他爱恨纠葛一辈子的胤禛，只相差了一岁。年羹尧也是个学霸，1699年顺天府乡试中举，次年参加会试、殿试，虽然没有当上状元、榜眼、探花，只是个三甲同进士出身，可他只二十岁出头，便年少得志，达到了许多人一辈子都无法企及的高度。本来父亲已是高官，自己又取得功名，年羹尧难免有点心高气傲，常常去冶游。不过，他也确非等闲之辈，博览群书，记忆力极好，妙笔生花，写得一手好文章，在当时的文坛有一席之地。

经过翰林院的培养，年羹尧于1705年和1708年两度出差，分别主持四川和广东的乡试，等到1709年，他已经升任正三品内阁学士，加礼部侍郎衔，奉命作为副使前往属国朝鲜，宣读复立胤礽为太子的诏书。回京后，立即被康熙委以重任，外放为四川巡抚，仅仅三十岁的年羹尧，直接当上了封疆大吏，这不是破格提拔是什么？这不是康熙的宠臣是什么？他上疏谢恩有言："窃臣以一介庸愚，三

年羹尧画像

世受恩，少有犬马知识，自当竭力图报，庶几上不负皇上高厚之恩，下可尽臣父未尽之志。"也就是在这一年，胤禛被封为雍亲王，负责管理镶白旗事务，年羹尧全族都是镶白旗的，从职务上看就是上下级关系、主仆关系。年羹尧才华横溢，又得皇帝赏识，还官居要职，胤禛利用镶白旗的关系，自然可以把年羹尧发展为一枚有用的棋子。

第三位是隆科多，他的家族我们之前比较详细地介绍过，他是胤禛养母孝懿仁皇后的弟弟，一等公、领侍卫内大臣佟国维的儿子，满洲镶黄旗人，根正苗红，家族势力强大，以这样的出身、关系，最终当上大官一点都不稀奇。最初的时候，隆科多属于大阿哥胤禔一派，"鄂伦岱、隆科多、舜安颜与大阿哥相善，人皆知之"，和老大关系好，在京城那都是公开的秘密。可惜随着太子被废，大阿哥又说出了愚蠢言论，从此断送了政治前途。在推举新太子的活动中，隆科多的父亲佟国维又联合马齐，想要推举八阿哥为太子，非但没有成功，还让康熙皇帝异常忌惮，八阿哥的前途也基本上被断送，佟国维受到皇帝的训斥。两次押宝，都碰了一鼻子灰，得罪了康熙，后来佟国维去世，对于其一等公爵的承袭问题，康熙始终都没有处理。

1711年，康熙任命隆科多为步军统领，负责京城的治安、门禁、刑案、街道管理诸事务。这个职位有多重要，正常人都可以感觉出来，相当于把皇帝的身家性命掌握在了手中。隆科多如果不是祖上政治素养过硬且深受统治者信任，无论如何都不会任此要职。对隆科多委以重任时，康熙说："此职得好名难，得坏名容易。即兄弟子侄家人之言断不可听信。此辈起初尚有一二好事令人相信，而后必行期罔。前费扬古、凯音布、托合齐等皆因此堕落矣。著不时防备之！勉之！"前任托合齐为了日后的荣华富贵，就倒向了太子胤礽。如此关键的岗位，康熙怎么可能允许其他势力染指？即使天塌下来，步军统领也必须站在他这一边，因此，托合齐最终被挫骨扬灰也是情理之中了。万一哪天胤礽被逼急了，来个鱼死网破，托合齐就相当于康熙枕头边的一把匕首，随时可以弑君篡位，老皇帝岂能不慌？

能担任步军统领，既是领导信任，也是沉甸甸的责任，稍有不慎就可能被猜疑，甚至引来杀身之祸，隆科多当即表态："奴才世蒙皇上重恩，以致亲朋、相识、家奴众多，甚至来投于我，我不能使遂愿而怨恨者亦有之。至于奴才家人利欲熏心欲与无涉外人结交为友者，奴才但有所知，即令重惩，使之远避。奴才甚为幼稚无知，唯铭记圣训，不时防备，始终如一殚心效力。倘一时疏忽，为人所欺，则奴才之重罪矣。"隆科多表示一定会牢牢记住万岁爷的嘱托，永远只忠诚于皇帝一人，坚决抵制其他势力的拉拢，以几位落马前任为戒，做好皇帝的"大内密探"，广泛打听、收集并及时汇报文武百官、王公贵族的各类信息，包括已经被圈禁的大阿哥与二阿哥的动向。1720年，隆科多又被任命为理藩院尚书，同时兼任步军统领，说明他九年来的工作表现赢得了皇帝认可。而这样的人，恰恰不会是胤禛手下的所谓"金刚"，他根本没必要这样做，几位前任殷鉴不远，他与佟佳氏整个家族两次站错队，没有再犯错的资本。对于隆科多来说，无论康熙选择谁当太子，他竭尽全力执行，保证新君顺利登基，既报答了老皇帝的隆恩，也赢得了新皇帝的好感，不需要冒着风险再去站队。

至于最后一位"金刚"戴铎，他的主要贡献就是出谋划策，之前我们已经详细介绍过他的"隆中对"，全方位指导胤禛该如何脱颖而出，老四表面做出"富贵闲人"的姿态，实际上基本都按照他的想法来实施。戴铎长期身处外地，远离京城，发挥的作用着实有限，还经常向主子诉苦，福建这地哪里哪里不好，让胤禛颇感无语。

最后我们可以总结一下这"四大金刚"。老十三胤祥，在胤礽第一次被废后，已经被圈禁，在政坛上发挥的作用几乎可以忽略不计。从康熙对胤祥最后的评价看，完全是负面的，颇有一种失望透顶的感觉。胤禛与胤祥从小关系密切，老十三出事以后，康熙联想到这对好兄弟曾经的情谊，对老四的评价肯定是下降的。隆科多那完全是听命于康熙的人，跟胤禛没有太多的瓜葛，只是康熙最终选择了老四，隆科多认真履职，贯彻大行皇帝遗嘱，帮助胤禛顺利登基。至于康熙在诸位皇子中确定胤禛为继承人，隆科多也并没有提供什么大的帮助。年羹尧和戴铎都是镶白旗的，在帮助主子夺位这件事情上，可以说是责无旁贷、义不容辞，实事求是地说，确实做出了一定贡献，这其中又当以年羹尧为主。所谓的胤禛"四大金刚"，真正能算金刚的就两个人，论实际作用可能只有一个半人。

第四章 棋高一籌的雍親王

明面上不利就在暗地里使劲

　　康熙晚年的皇位争夺战，大致可以分为两个阶段，第一阶段就是皇太子胤礽两次被废前后，老大、老八粉墨登场，好不热闹，最终纷纷失败，黯然收场。第二阶段就是西北战事发生后，老十四胤禵当上了大将军王，替父出征，并取得胜利，一时之间，康熙想要立胤禵为皇太子的说法在坊间广为流传，老十四本人也非常想登上帝位，成为新的天子。无论是第一阶段还是第二阶段，胤禛都不是呼声最高的人，尤其是在第二阶段，看到胤禵如日中天，连胤禛的军师戴铎都有点灰心丧气，想着经营海岛，以后好给主子准备个逃难的地方。对于雍亲王来说，明面上的局面似乎并不理想，怎么办呢？那就默默无闻、无私奉献，努力完成好父皇交办的每一项工作，使他意识到自己绝对是个靠谱、值得托付的人。

　　1708年十月，由于舟车劳顿，加之废太子事件造成的严重打击，康熙的身体亮起了红灯，等到十一月初，病情更加严重了。康熙召四阿哥胤禛觐见，据《大清圣祖仁皇帝实录》记载，胤禛是流着眼泪进去的，他对父皇说："圣体违和，为日已久，应选择太医及臣兄弟中稍知药性者，允（胤）祉、允（胤）

祺、允（胤）裪，同臣检视方药。"建议父皇选择太医还有自己兄弟中比较懂医药的，比如老三、老五、老八，和自己一起把关，后来康熙服用他们准备的中药，病情果然好转了。这件事很好地体现了四阿哥对父皇深深的孝心，在康熙看来，胤禛孝顺父亲，友爱兄弟，办事有成效，对他的满意度直线上升。

1713年，顺治皇帝的淑惠妃去世了，康熙辍朝三日。但是在办理丧礼的过程中，有关部门不是很上心，康熙前去祭奠时，发现陈设器皿、祭品等都非常粗率，心里大为不满，这不是显得自己不重视庶母、不够孝顺吗？遂安排四阿哥胤禛严查，没过多久，胤禛便上奏说这些都是工部、光禄寺办理的，请求把工部尚书满笃、侍郎马进泰、内阁学士兼管光禄寺卿事马良，一并交刑部治罪。至于内务府总管，在这件事上也有责任，建议将内务府总管赫奕、署总管事马齐，交部议处。康熙对胤禛给的处理意见十分认可，批准施行。胤禛没有像老八处理凌普一样，当个老好人，想着收买人心，他的作风非常务实，错了就是错了，责任人必须为此付出代价，可以看出他是位实干家。

还有一次，当时康熙有位常在薨逝了，太监曹之璜找相关官员敲诈银两，还赶打轿夫，导致常在的棺木直接掉到了地上，惊扰了死者的亡灵。康熙就让胤禛审理此案，胤禛建议按照大不敬之罪处理，判处斩监候。多年后回想此事，他说"彼时因太监纳贿不法，如此类者甚多"，严惩不贷可以警戒余人，起到杀鸡儆猴的作用。这体现出胤禛的严格、魄力，与康熙晚年的仁慈、放纵截然相反。

1715年四月，准噶尔部策妄阿拉布坦派军队袭扰哈密，康熙召见三阿哥胤祉、四阿哥胤禛两位年长的皇子，询问他们关于此事的意见。对此，胤禛慷慨陈词，说当年三征噶尔丹的时候，就应该把策妄阿拉布坦一起剿灭了，当时考虑他比较恭顺，就饶了他一条小命，没想到现在没有感念大清的恩德，还动起了刀枪。最终的结论是"干犯王章，于国法难以宽贷，自当用兵扑灭，以彰天讨",主张采用武力手段解决问题,这句话正好说到了康熙的心坎上,父子二人观点高度一致,也就有了后面老十四的大将军王。

1716年六月,八阿哥身患重病,消息传到康熙耳朵里,他老人家就问四阿哥胤禛:"八阿哥病,汝曾使人往看否?"胤禛回复说没有,康熙就要求老四赶紧派人去看,胤禛依言而行,回来报告说八阿哥病得相当厉害,已经好几天了,胤禛主动向康熙请求,说自己要先行回去好好照顾老八,康熙一听当即同意。让胤禛万万没有想到的是,康熙紧接着下了一道上谕,原话是这样说的:"四阿哥随驾在外,惟伊一人。乃置扈驾之事,奏请先回,看视胤禩。观此关切之意,亦似党庇胤禩。胤禩医药之事,即著四阿哥料理。"字虽然不多,但足以吓得胤禛汗流浃背,指责他跟着自己出巡,竟然要先回去看望老八,全然忘掉扈驾一事,仿佛胤禩更为重要,分明就是老八的党羽呀!既然如此,那老八的治疗、服药等事情,通通交给四阿哥来关心。只能说玩"钓鱼执法",康熙简直是炉火纯青。

为今之计,只有亡羊补牢,好好挽回父皇失望的心。胤禛以最快的速度,策马飞奔,立即赶到了康熙身边,重新服侍君父。老八是康熙极度反感的皇子,曾评价他的阴险百倍于二阿哥,两人的父子情一刀两断,都到这个地步了,胤禛愣是没有看出来,差点铸成大错。

胤禛当下的想法是赶紧做点事情,一来可以向父皇表忠心,二来是可以和老八进行切割,表明他不是八爷党的。机会来得还真快,皇帝马上要回銮了,目的地是畅春园,奄奄一息的胤禩正在附近接受治疗。按照惯例,皇帝銮驾经过的地方,是不允许有这样的病人存在的,不吉利。

因此,胤禛就大胆提出建议,说老八不适合继续留在畅春园附近了,必须把他转移到其他地方,和皇阿玛的龙体相比,胤禩的确有些微不足道。见年长的四阿哥态度如此,而且按照惯例,也应该这样安排,许多皇子都表示赞成。

突然，八爷党的核心骨干九阿哥胤禟发话了："八阿哥今如此病重，若移往家中，万一不测，谁即承当？"得知阿哥们的意见，康熙开口了："八阿哥病，极其沉重，不省人事，若欲移回，断不可推诿朕躬，令其回家。"表示八阿哥病得很厉害，你们要是把他转移走了，中途出了事情，绝对不能说是朕要求你们干的。

到这个时候，康熙满脑子想的都是推卸责任，完全没有半点舐犊之情。有了父皇这番表态，胤禟更来劲了，坚决要求以皇帝为重，最后是康熙顺利回到了畅春园，八阿哥也被转移到了城里，好在保住了一条性命。事后，康熙让固山贝子苏努、舅舅佟国维、大学士马齐，领侍卫内大臣公爵阿灵阿、鄂

雍亲王时期的胤禛

伦岱，一起去看望胤禩，又安排胤禩寻访名医，竭力救治。佟国维、马齐等人都是清一色的八爷党，让自己与他们混在一起，看来父皇还是没有释怀，有意将自己和他们视为一党，胤禩又赶紧去和父皇解释："臣未审轻重，实属错误，罪所难逭。况臣素不谙医药。今既送允（胤）禩到家，臣无可料理之事。"先是进行了一番自我批评，又以自己不懂医药为由坚决抽身，后来又把前因后果都给解释了一遍。康熙这才露出满意的笑容，相信胤禩不是八爷党。

经过医生百般救治，八阿哥胤禩总算痊愈，康熙下令恢复了老八的俸银禄米，竟然还问他想吃什么："朕知此处无物不有，但不知于尔相宜否，故不敢送去。"这哪里是皇帝、父亲对一个臣子、儿子说出的话？康熙名为体贴、关

心，实为揶揄、取笑。老八相当寒心，无奈跪倒在宫门前面，恳请父皇把"不敢"两个字撤掉。没想到康熙更来劲了，又说"往往多疑，每用心于无用之地""于无事中故生事端"，批评老八总是胡思乱想、无事生非。康熙对老八毫无半点父子之情，胤禛之前去照顾他，那绝对是踩了红线，幸亏及时改正，挽回一局。

1718年1月7日，顺治的第二任皇后，孝惠章皇后不幸去世了，奉养了几十年的继母寿终正寝，康熙悲伤过度，身体也不好，但为了尽孝心，打算亲自护送梓宫到孝陵落葬。考虑到父皇龙体欠安，阿哥们都劝谏康熙不要去东陵："历观自古帝王及明朝会典，未有亲送梓宫之例。况圣躬尚未全愈，断难亲往。伏恳皇上俯顺舆情。"此时的康熙身体实在是弱，只好勉强同意，梓宫发引时，他跪在大路上送别，痛哭流涕，不能自已，哪怕梓宫都已经离开很久了。从这些表现可以看出，康熙相当重视这段母子亲情。在孝惠章皇后的梓宫进入地宫之前，宣读祭文也是一项重要的工作，由于健康原因，康熙不能亲为，只好安排胤禛代为宣读，可见对其工作能力、工作态度相当认可。

五阿哥胤祺是皇太后从小带到大的孙子，他见父皇身体、心灵都受到沉重打击，主动要求替父分忧，操办孝惠章皇后的葬礼，但被康熙断然拒绝，毕竟胤祺的能力十分有限，肯定是挑不起大梁的。康熙要求胤祉、胤禛、胤祹、胤禄四位皇子协助自己。根据这项安排，也可以看出在康熙心目中阿哥们孰轻孰重。同年，有人盗掘明朝陵寝，康熙又要求胤祉、胤禛等皇子查办此案，并让他们到各陵祭祀，安慰前朝统治者的亡魂。

1721年，康熙在位一甲子大庆，命皇四子和硕雍亲王胤禛、皇十二子固山贝子胤祹、世子弘晟，专程前往东北龙兴之地，祭祀永陵、福陵、昭陵，将好消息带给太祖、太宗以及更早的祖先们，至于顺治皇帝的孝陵，康熙打算亲自前往，结果遭到群臣的劝阻："皇上以御极六十年大庆，欲亲诣陵寝告祭，诚圣孝之至意。第皇上足疾初愈，冒寒远行，恐劳圣体，恳祈停止谒陵。"总共就两处陵寝，近的康熙要亲自去，远的由胤禛、胤祹、弘晟前往，胤祹是皇子中间主持葬礼的行家，属于专业人士。胤禛在这方面并没有什么突出的地方，依照康熙的安排远赴东北，体现的就是信任与器重了。

等到这一年的万寿节，康熙又让胤禛到太庙后殿祭祀行礼。也就是这个月，有些会试没考上的学子质疑考试不公，哄闹于副主考李绂门前，康熙命令胤禛率领大学士王顼龄等人复查原卷，给考生们一个交代；冬至节时，圜丘祭天，去的人又是胤禛。1722年十月，朝廷发现京仓内的米粮，在发放过程中存在许多弊案，康熙又让胤禛带着宗室还有隆科多等人调查。胤禛提出要增建仓库，制定严格的管理制度，对监督人员进行奖惩等措施。他还专门写诗纪念："晓发启明东，金鞭促玉骢。寒郊初喷沫，霜坂乍嘶风。百雉重城壮，三河万舳通。仓储关国计，欣验岁时丰。"十一月初九日，康熙给胤禛安排了最后一项工作：去南郊祭天。

对于父皇交办的各项差事，胤禛基本上都能出色完成。在《大清圣祖仁皇帝实录》中，经常出现这样的字眼："皇四子和硕雍亲王胤禛恭请上幸王园进宴。"四阿哥邀请圣上到自己的园林，也就是享誉中外的圆明园，共同用餐，这样的记录，总共出现了十一次。在皇子中，数量仅次于皇三子胤祉的十八次，名列第二，最后一次是在康熙六十一年的七月，康熙即将走到人生的终点了，依然愿意接受老四的好意。这足以体现康熙皇帝对胤禛这个儿子的偏爱，"夺位"之说可信度有多大？可以好好考量。

虚心求才丰羽翼

古往今来,能够成大事的人,往往都不会是单打独斗的,在他们背后,正常来说都会有一个团队,各成员相互协助,鼎力配合,各尽其能,帮助整个团队取得最终的胜利。你看刘邦,文有萧何、张良、陈平,武有韩信、樊哙、周勃,可谓人才济济;再看曹操,那更是贤人云集,荀彧、荀攸、郭嘉、满宠、夏侯渊、典韦、许褚、张辽……两只手都数不过来。唐太宗昭陵的陪葬墓,陪伴他的就有功臣密戚,秦叔宝、程知节、长孙无忌、高士廉等。像刘秀、赵匡胤、朱元璋的团队,那也是牛人遍地,足以名垂千古。

相比之下,在康熙末年,四阿哥雍亲王胤禛的团队成员,就没有那么如雷贯耳了,毕竟人家是打江山的,胤禛是继位的。你要说其中最大牌的,那肯定是年羹尧年大将军。之前我们介绍过,年羹尧是康熙老爷子的宠臣,三十出头就当上了四川巡抚,成为主政一方的封疆大吏,可谓前途不可限量。

为了报效皇帝的知遇之恩,年羹尧全力了解四川省的基本情况,提出"凡川省利弊应行应革,皆臣责任,亦臣职分",针对各类状况,他想出应对措施,汇报给了康熙,皇帝阅罢非常满意,批示道:"尔封疆大吏,只得始终固守做一好官，此朕之深望也。"叮嘱他要一直当个好官。在此后的奏折中，也经常可以见到"此议论甚好""照你所奏完结，甚妥""此折所奏甚是"等朱批字样，足见康熙对年羹尧的认可。

1718年，年羹尧又指出四川军政腐败，亟须治理，请求万岁爷"暂加臣以总督虚衔，并求赐以孔雀翎子，令臣节制各镇，一年以后，营伍必当改观"，希望皇帝暂时提升他的职务职级，方便管理巴蜀军队，并保证一年之后，必定会有好的成效，康熙当即批准，任命年羹尧为四川总督。1721年，年羹尧又去热河接受皇帝的召见，这一回被提拔为川陕总督，临行前，还获赠弓箭等礼物。整个过程，康熙都是推心置腹，表示"朕再无疑尔之处，尔亦不必怀疑"，年羹尧更是感激涕零，就算肝脑涂地，那也在所不惜。姜还是老的辣，在位六十年的皇帝拿捏四十多岁的地方官，那不要太轻松，升个官，送点礼，就把人家感动得不要不要的，死心塌地地给自己卖命。

相比之下，四阿哥胤禛与年羹尧的关系，最初并不是特别融洽。年羹尧长期身处外地，经常不给雍亲王致书请安，即使写了东西，对自己的定位是下属，而不是奴才，使胤禛大为不满，在他的心目中，"臣"和"奴才"是有鲜明边界的，登基之后，有位地方大员上奏，落款处写的是"奴才某某某"，雍正来了个朱批，把"奴才"两个字圈出来，写道："称臣合适。"只有他认可的人，才可以称"奴才"，关系一般的也称"奴才"，那就是乱套近乎了。胤禛管理镶白旗的事务，年羹尧也是这个旗的，称官职而不称"奴才"，明显是在保持距离，仗着老皇帝的信任，展现出一副更高的姿态。胤禛明白年羹尧的用意，骂他是"儇佻恶少"，就是轻薄坏小孩的意思。

此外，年羹尧还与孟光祖有过来往，这位江湖骗子打着三阿哥胤祉的旗号，四处招摇撞骗。各地督抚一想，万岁爷与三阿哥的关系那是相当不错，胤祉屡次成功邀请万岁爷到自己的豪宅里吃大餐，虽然表达能力不佳，好歹也是有一定概率可以继承皇位的人，现在孟光祖自称是三阿哥的下属，过来结交，哪能不给个面子？年羹尧就没能禁受住诱惑，不仅和孟光祖见了面，双方还互赠礼物。一段时间后，谎言终究还是被揭穿了，直隶总督将此事上奏给了朝廷，年羹尧先前与孟光祖来往的事情，就成了罪过，康熙给的处分是革职留任，所以当时年羹尧给皇帝写奏折，抬头都是"四川巡抚革职留任效力臣年羹尧为奏闻事"，把"革职留任"几个字写在里面。在《回奏孟光祖至川情形折》中，年羹尧极力为自己辩解，有一句话是这样说的："且臣属雍亲王门下，八载于兹，雍亲王并未遣人至川赏赐物件，则诚亲王何故遽有赏赐，此又臣之至愚所能辨晰者。"对自己的定位非常清晰，我的主子是胤禛，我当他的奴才已经有八年了，雍亲王都没有派人到成都给我打赏，诚亲王怎么可能会突然抛出橄榄枝呢？说明他心里是有认知的，可惜侥幸心理作祟，生怕孟光祖的确是老三的人，生怕得罪了以后没好果子吃。胤禛当然也很气愤，这说明年羹尧政治立场不坚定，存在严重的投机心理，险些没能抵制住其他派系的拉拢。毕竟，越是重要的下属，越是要确保他的忠诚与稳定。

如何敲打这位不安分、能力又极强的奴才呢？胤禛以前都是想怎样去讨好自己的领导康熙，思索怎样把老爸给哄舒服，现在自己当上小领导了，以后还可能会当大领导，恩威并施、拿捏属下的本领，自己必须得是炉火纯青。于是，他翻出了以前年羹尧给他写的材料，找到了这么一句话："今日之不负皇上，即异日之不负我者。"年的意思是，自己现在不辜负皇帝，以后也不会辜负四阿哥，暗示胤禛可以去争夺皇位。胤禛就揪着年羹尧的这个小辫子说事："以无法无天之谈而诱余以不安分之举也，岂封疆大臣之所当言者，异日两字足以诛年羹尧全家。"相当于在威胁年羹尧，你有把柄在我手上，这样的野心家之言、悖逆之言，我要是给你举报了，那可是灭族的后果。年羹尧万万没想到，原本只为表忠心的话，竟然成为主子拿捏他的把柄。胤禛还要求年羹尧把带到成都的子侄们都送回京师，十岁以上的儿子也不允许跟着他留在巴蜀，这就相当于掌握了人质。

1711年，年羹尧的妹妹年氏，经康熙指婚，成为雍亲王胤禛的侧福晋。年氏具体叫什么名字，历史上并没有留下记载，有这样一层妹夫的关系在里面，年羹尧与胤禛的主仆关系当然更加稳固。入府以后，年氏表现得非常谨慎体贴，在雍正登基后，晋封年氏为皇贵妃的上谕中，有这样一句话："朕在藩邸时，(年氏)事朕克尽敬慎，在皇后前小心恭谨，驭下宽厚和平。皇考（康熙）嘉其端庄贵重，封为亲王侧妃。"对待胤禛还有福晋，年氏都非常敬重、恭顺，对待下面的人都非常宽和，由于表现不错，皇帝下令加封以资鼓励。

胤禛这辈子子嗣不多，康熙末年，年氏生下了三个子女，分别为1715年生胤禛第四女，1720年生胤禛第七子福宜，1721年生胤禛第八子福惠，可惜他们都夭折了，在这个时间段，胤禛只生过这些小孩，全部出自年氏，其他的妻妾竟然都没有怀孕，非常奇怪，但这也从侧面说明胤禛对年氏的宠爱。知道这些，年羹尧即使不为自己的前途着想，也要为妹妹的终生幸福着想，只有把雍亲王推上皇位，年氏才能从普通的亲王侧福晋，晋升为贵妃、皇贵妃甚至是皇后。年家与雍亲王府，早已是一根绳上的蚂蚱，一荣俱荣，一损俱损，唯有主仆同心，取得最终的胜利，才能有更加光辉的未来。

为了帮助主子扩大己方阵营的力量，年羹尧在1721年向胤禛推荐了蔡珽，此人字若璞，是汉军正白旗人，云贵总督蔡毓荣的儿子，也是位高干子弟，1697年中进士，担任过少詹事、翰林院掌院学士、礼部侍郎等官职。其实四阿哥早就想把蔡珽招到自己麾下了，之前派马尔齐哈以探讨中医的名义联系他，结果被人家婉拒了，身为朝廷命官，按照规章制度，是不能与皇子结交的，应该只忠于皇帝，因为你的功名利禄都是万岁爷赋予的，而不是这些龙子龙孙。之前太子党、八爷党的结局，蔡珽又不是不知。此次年羹尧再次去招揽，蔡大人又一次婉拒了。等到1722年，年羹尧高升为川陕总督，康熙任命蔡珽为四川巡抚，接替年羹尧，上任前，蔡珽到热河避暑山庄向康熙辞行，这一回，胤禛总算是见到蔡珽了,引见人正是年羹尧的长子年熙。

经历了三顾茅庐,蔡珽正式投入胤禛门下,对于高端人才来说,缺少的并不是物质层面的,在意的往往是脸面。招聘这样的人,里子给足那是前提条件,面子也不能少,一次不行就两次,两次不行就三次,诚意表现够了,心理需求满足了,人家才愿意来。

见到胤禛之后,蔡珽又把李绂介绍给了雍亲王。物以类聚,人以群分,招揽了一个人,就有机会把他圈子里的其他人一并收拢。李绂出生于1675年,字巨来,号穆堂,别号小山,江西临川人,跟王安石、汤显祖是老乡。小时候家里特别穷,但李绂天赋异禀,才华卓著,学习四书五经那是过目不忘,十岁就能写诗,十二岁和同乡的其他读书人组建诗社,1705年,在江西乡试中取得第一名的好成绩,1709年中进士,选庶吉士,担任侍讲学士,主持过云南、浙江两省的乡试。1720年,升内阁学士,兼左副都御史。

从李绂之前的人生经历可以看出,他的学习态度、学习能力都是数一数二的,科举制度的确能够起到阶层跨越的功能,"朝为田舍郎,暮登天子堂",在李绂身上完完全全应验了。1721年,李绂担任会试副考官。出榜日,黄雾风霾,康熙说:"此榜或有乱臣贼子,否亦当有读书积学之士不得中式,怨气所致。"命令重查试卷,其中成绩差的直接取消殿试资格。有的落榜学子心中不满,迁怒于李绂,跑到他门前闹事,有御史就弹劾李绂,康熙以隐匿不奏的罪名将李绂免职,贬到永定河做河工。但是,此时的他已经

内阁学士、兼左副都御史李绂

投入雍亲王胤禛门下，等到雍正登基，李绂立即时来运转，从河工摇身一变，高升为吏部侍郎。

对于另一位"金刚"戴铎，胤禛在用他的同时，也不忘训斥与敲打。1715年，长期驻外的戴铎又给主子写信了："奴才戴铎谨启主子万福万安。奴才叩辞主子后于六月内到杭州，主子所交给总督满保东西奴才一路小心收藏，并无损坏，俟到福建时，再交给钱老哥、图巴礼也。所有奴才觅得杭州金花土产数种进上，求主子哂留赏人，则奴才感沐无既矣，特此启闻。"满保，字凫山，满洲正黄旗人，进士出身，1711年被任命为福建巡抚，四年后升任闽浙总督，是浙江、福建两省的一把手，履职期间，在沿海地区修建了大量台、寨、岸防炮，巩固海防，后来又指挥军队镇压朱一贵起义，因功劳加兵部尚书衔。对于满保这样的地方实力派，而且还是获得康熙老爷子认可的人，胤禛没有理由不去拉拢，戴铎起到的作用，就与之前那个孟光祖差不多，区别在于戴铎真的是雍亲王的属下，而孟光祖只是打着胤祉旗号的江湖骗子。胤禛具体要把什么东西交给满保，戴铎并没有讲明，也是挺谨慎的，"一路小心收藏"，说明还非常重要。到了杭州，戴铎还不忘买土特产孝敬主子，并贴心地表示如果主子看不上，就作为赏赐下属的礼品好了。

等到次年，戴铎已经到了福建，顺利完成了胤禛交代给他的任务，同时又抱怨，说到了闽省水土不服，染上了疾病，希望主子允许他回到北京上班。胤禛收到戴铎写的信，心里不是很高兴，回复说："接你来字甚不喜欢。为何说这告病没志气的话，将来位至督抚方可扬眉吐气，若在人宇下，岂能如意乎？天下皆然，不独福建为然也。"给戴铎画了个大饼，勉励他不要这样没志气，以后你当上了总督、巡抚这样的高官，才能扬眉吐气。不管你是在福建抑或是哪里，只要是给人家当下属，那就容易郁闷，届时，非但不会认为福建是穷山恶水，反而会觉得像天堂一样。

1716年，戴铎路过武夷山，偶遇一位道士，行迹古怪，说的话也很与众不同，胤禛知道了非常感兴趣，要求戴铎把所见所闻细细写出，就当奇闻趣事来听。戴铎说把主子的生辰八字给了道士，占卜未来的命运，道士回答了一个"万"字，意思说胤禛以后会成为万岁爷，君临天下，戴铎当然就非常高兴了，赶紧把前因后果描述一番，汇报给主子。胤禛很满意，说到了他的心坎上，表示："你得遇如此等人，你好造化。"

又过了两个寒暑，大学士李光地请假回福建老家，后来又接到旨意，康熙要他带病进京，听说是老皇帝为了立储之事，准备秘密召见李光地，听听他的意见。李大人到底是什么想法呢？戴铎就跑去打探虚实，得到了"目下诸王，八王最贤"这样的话，八阿哥都被康熙批成这样了，甚至公开表示要断绝父子关系，时至今日，李光地竟然还愿意为他说话，可见他对老八的高度认可。

戴铎想要帮助胤禛把李光地也争取过来，到京师为主子多美言几句，他是这样说的："八王柔懦无为，不及我四王爷聪明天纵，才德兼全，且恩威并济，大有作为。大人如肯相为，将来富贵共之。"李光地听后表示认可。在1718年的书信中，戴铎还提醒胤禛多多注意老三和老十四，他们都在积极地笼络人心，比如常州的杨道升，非常有才学，被诚亲王胤祉请到府里，意欲何为？十四阿哥胤禵，礼贤下士，对李光地的门人程万策呼以"先生"，也是颇有所图的。胤禛看过戴铎的材料，并不是很满意，杨道升去老三府里，都已经好几年了，人尽皆知，戴铎却把它当最新消息。至于老十四拉拢程万策的话，胤禛嘲讽道："程万策之谤，我辈当有把屁当香闻之理。"还说"你之生死轻如鸿毛，我之名节关乎千古"，你戴铎跑去找李光地拉票，万一他把事情抖了出来，说是我胤禛安排你做的，夺取皇位的心思不就败露了？自己多年积累形成的"富贵闲人"的人设也得跟着崩塌。

戴铎心是好的，又是劝说李光地，又是送情报，一片忠心，但具体的做法未必能够让胤禛满意，平时少不了挨批，但老四也会适当地给予回报，希望他继续为自己效力，比如戴铎的哥哥戴锦，就因为雍亲王的关系，"补河南开归

111

道",戴铎那是感激涕零,日思夜想的只有一件事,那就是怎样报答胤禛的恩情。在职场中对待属下,刚柔并济,鼓励与批评相结合,二者缺一不可。如果只有鼓励,下属心态飘了,工作可能达不到要求;只有批评,下属又觉得埋头苦干无利可图,只会越做越差直至撂挑子。只有两者相辅相成,赏罚分明,才能达到高效的状态,四阿哥可谓深得管理学的精髓。

在相关题材的电视剧中,胤禛还有个非常有名的潘邸旧人李卫。在历史中,李卫出生于江苏丰县一个富裕的家庭,1717年,三十岁的他花钱买了个员外郎的职位,自此进入官场,担任过兵部员外郎、户部郎中。根据《清史稿》记载,雍亲王胤禛当时很欣赏李卫的才华,"眷遇至厚",为将来重用定下了基调。但又不满李卫过于讲义气,常常批评教育他。

据《小仓山房文集》记载,李卫具体是在担任户部郎中期间,为雍亲王胤禛所赏识。老四为什么会看上功名都没有,连乌纱帽都是买来的大老粗呢?原来,在管理库银期间,某位亲王对征收上来的财物,要求每一千两就要增加十两作为平库银,这显然是违规的,李卫多次劝谏都被无视。怎么办呢?他灵机一动,想出了一个好办法,专门在走廊放一个柜子,上面写着"某某王爷赢钱"字样,意在告诉百姓是谁在牟取不法收入,王爷得知后非常难堪,只好停止多收。从这件事可以看出,李卫敢于作为、不惧权贵,有正本清源、端正不良之风的决心。要知道触犯他人既得利益,往往比触及灵魂还要难,何况还是

李卫画像

身份高贵的王爷。对于康熙末年官场的种种乱象，胤禛早已忍无可忍，需要的就是李卫这样的人，敢于拿起改革的斧头，挥向那些朝廷的蛀虫。日后李卫获得重用，也就在情理之中了。

除以上人员外，胤禛团队还有沈廷正、傅鼐、博尔多、金昆等人。沈廷正是汉军镶白旗人，康熙后期主要担任过湖广罗田知县、陕西商州知州、兰州府同知，官职不高，地位有限，到雍正年间获得重用，被提拔为贵州巡抚、云南巡抚，对于雍亲王争夺太子之位，沈廷正难以发挥太多的作用。傅鼐是胤禛身边的人，"骖乘持盖，不顷刻离"。博尔多也是镶白旗的，与胤禛是主仆关系，举人出身，职务是内阁中书，从七品的小官。金昆是武会元出身，在雍亲王府邸"绘画行走"。平心而论，这些人属于胤禛麾下的小鱼小虾，对于夺位很难起到太大的帮助。纵观整个雍亲王团队，能够拿得出手的也就是年羹尧了。

其实，胤禛能否最终上台，朝中大部分官员是否认可还是其次，最关键的人还是坐在龙椅上那位的态度。康熙皇帝掌握着实权，掌握着暴力机器，他手下的步军统领隆科多日复一日地打探京城里的最新动向，如果胤禛团队的实力过强，能够与之前八爷党的"众望所归"相提并论，康熙是无论如何都容忍不了的，在他有生之年，绝不可能允许此等规模的势力存在于朝堂。胤禛能够当上皇帝，并顺利完成权力的交接，最主要的原因还是康熙的认可，以及忠于皇帝的大臣们对遗言的认真贯彻与执行。胤禛最大的支持者，其实还是那个领导兼父亲的男人。康熙为什么会选择胤禛？有个好儿子非常关键。

关键时刻出王牌

　　现代职场中，许多企业都有"继任者计划"，或者后备干部、储备人才培养计划。如果把大清比作一个公司，董事长康熙皇帝自然也是要做这些的。胤禛的目标，就是成为大清公司董事长"继任者计划"的主要培养对象，那如何促使康熙做出这样的选择呢？一段前朝历史引起了他的注意。

　　大明永乐年间（公元1403—1424年），明成祖朱棣为立储之事纠结不已，患上了"选择困难症"。但他不像康熙有那么多宝贝儿子，选择的余地其实非常小，无非就是长子朱高炽与次子朱高煦。

　　朱高炽是嫡长子，擅长处理内政，靖难期间，帮助父王镇守老巢北平，保障军需供应，并曾在朱棣带兵奔赴大宁期间，顶住了"内奸"李景隆率领的朝廷大军。后来朱棣五征漠北，朱高炽又在南京扮演同样的角色，以至后人常有调侃：朱棣名为天子，实为朱高炽的征北大将军。他能力虽强，然而身体肥胖，在形象上和朱棣画风迥异。

　　朱高煦是位武将，长期追随朱棣征战，在死人堆里摸爬滚打，立下赫赫战功，深受武将们的拥戴。知道皇帝正为太子人选发愁，淇国公丘福大力举荐汉王朱高煦，说他有功劳，应该立。丘福的言论并不让人意外，他也是个武将，以后汉王上台了，必然好处多多。朱棣又秘密征求大才子解缙的意见，解学士说："皇长子仁孝，天下归心。"见朱棣不为所动，知道自己这句话没有说到他的心坎上，解缙灵机一动，又说："好圣孙。"话音刚落，皇帝虽然没有回答什么，身体却很诚实，嘴角竟然微微上扬了。于是胜利的天平向朱高炽这边倾斜，《明史·解缙传》记载道："太子遂定。"若干年后，朱高炽成了明仁宗，好圣孙朱瞻基成了明宣宗。

此时此刻的康熙，风烛残年，时日无多。胤禛想得到这位父亲兼领导的认可，就必须投其所好。康熙最关心的问题，莫过于经营毕生的大清王朝能否一代一代传下去，保持基业长青。儿孙自有儿孙福，四五代以后的事，康熙鞭长莫及，但两三代的事还是能够把控的。胤禛就琢磨，如果能把优秀的孙子展现给父皇看，就可以告诉他：选择我，至少这个王朝接下来两任皇帝，都是非常优秀的人选，您老尽管放心吧！皇室的人才梯队没问题！大清这个企业不仅不会破产，还会发展壮大。

对于国家、政权、工作而言是这样，对于个人而言，康熙是个六十多岁的老人了，有着含饴弄孙的情感需求，"隔代亲"就是这么回事。一个老父亲，可能对儿子比较严厉，平时高高在上，耳提面命，可见到孙子就立即服软了，甘愿趴下身子给小朋友当马骑。如果能把年龄合适、聪明可爱的孙子送到康熙面前，爷孙两人享受天伦之乐，顺带着，父皇爱屋及乌，对自己的认可度必然大幅提升，离储君之位自然也就更近一步。

这样的孙子，胤禛膝下正好有一位，那就是四儿子弘历。

话说弘历登基之前，跟爸爸一样，是人们耳熟能详的"四爷"，可仔细查阅史料，会发现弘历并非胤禛生下的第四个儿子，而是第五个，前面还有弘晖、弘盼、弘昀、弘时四位哥哥，既然如此，弘历为什么变成了"四爷"呢？

按照清代修玉牒的原则，幼龄夭折的皇子是不列入齿序的，第二子弘盼在康熙三十八年去世时，年仅三岁，故不列入齿序，弘历向前挪了一位，顺利晋级为"四爷"。

1711年八月十三日子时，弘历出生于北京雍亲王府邸，也就是日后香火旺盛的雍和宫，现在去参观，还可以看到乾隆小时候的澡盆。这一年康熙五十八岁，对于他来说，弘历只不过是众多孙子中的一个，而且他母亲钮祜禄氏地位并不高，只是个低级侍妾"格格"，即使在雍王府，弘历前面还有七岁的哥哥弘时，无论是长幼还是母亲的地位，弘历都没有什么特别之处。

转眼间，北京城六易寒暑，弘历开始上学了，师傅是庶吉士福敏。很快，弘历就显露出学霸潜质，读起书来非常勤奋，记忆力极强，天分极高，能够达到过目成诵的地步，与那个"年少放纵，行事不谨"的哥哥相比，简直就不是一个爹生的。见宝贝儿子如此优秀，胤禛看在眼里，喜在心里，决定效仿明仁宗朱高炽，把儿子推荐给父皇。老年人常常"隔代亲"，父皇看到孙儿孺子可教，大清后继有人，肯定会喜上眉梢。可安排弘历接班，不可能绕过自己这个当爸爸的。这就是"捆绑式购物"，买一必须加一，这就是胤禛的小心思。

1722年，在圆明园的镂月开云，康熙近距离接触了弘历，果然不出所料，喜上眉梢，当场决定把这个好圣孙留在宫中，由贵妃佟佳氏、妃瓜尔佳氏抚养，并亲自教导弘历。对于弘历来说，这段少年时期短暂的经历，应该是弥足珍贵且终生难忘的。许多年后，他写下了一首叫《荷》的诗："忆幼龄经读爱莲，濂溪义解圣人前。"在承德避暑山庄，康熙亲自给孙儿讲课，其中就有周敦颐的《爱莲说》，康熙让弘历诵读该文，并阐述其中的含义，听完孙子的回答后，非常满意。《大清高宗纯皇帝实录》表述为"亲授书课，教牖有加"，正因为小时候的用功，乾隆才能写下四万首诗，成为中国历史上最高产的诗人，平均每天要写一首多，虽然整体上质量不是很高，但至少毅力是相当惊人的。

满人向来重视武功骑射，康熙自然也很重视对弘历这方面的培养，命令他向贝勒胤禧学习射箭，向庄亲王胤禄学习火器。在围场狩猎的热身阶段，弘历连射五箭，全部命中靶心，成功率高达100%，使皇爷爷乐得合不拢嘴。活动正式开始后，康熙用火枪击倒了一只熊，让弘历在侍卫的引导下补射，没想到弘历刚刚骑上马，熊竟然爬了起来，吓得众人目瞪口呆，反观弘历，他表现得镇定自若、处变不惊，康熙找准机会，一枪将熊击杀。据昭梿的《啸亭杂录》记载，康熙回去后对嫔妃们说弘历"此子诚为有福"之人，如果他骑马到熊前面熊才站起来，后果不堪设想。此外，康熙见到弘历的母亲时，也连连称赞她是"有福之人"。事实证明，老皇帝眼光毒辣，十几年后，娘俩一个成为皇帝，一个成为太后，都活到了八十多岁，享尽人间荣华富贵。

弘历文武双全，又有福气，康熙自然倍加疼爱。有一次，弘历正在避暑山庄的"万壑松风"读书，忽然看到康熙坐着龙舟停泊在晴碧亭，不断呼唤爱孙的名字，弘历异常激动，拔腿就跑，想赶紧投入皇爷爷的怀抱。康熙见状，大声喊道："勿疾行，恐致蹉跌。"提醒孙子跑慢点，小心摔跤。木兰秋狝时，听说林子里有老虎，贝勒胤禧请求前往猎杀，一旁的弘历也想同往，看看老虎长啥样，被康熙拒绝，他担心孙子的安全，说："汝不可去，俟朕往之日携汝去耳。"叫孙子等着跟自己一块过去。一个个温情的小故事，体现了爷孙之间的亲情，也说明康熙对弘历的器重与疼爱。据《朝鲜李朝实录》记载，1722年，朝鲜使臣从清朝官员那里听到这样一个说法，康熙临

胤禛、弘历父子画像

终前，曾召见重臣马齐，语重心长地说："第四子雍亲王胤禛最贤，我死后立为嗣皇，胤禛第二子有英雄气象，必封为太子。"《朝鲜李朝实录》是藩属国的材料，内容保密，并不对外公开，无须根据宗主国大清的要求撰写，客观性、真实性较高。这句话提到的胤禛第二子，毫无疑问指的就是弘历，因为雍亲王在世的儿子中，弘历排名第二，因为对孙子弘历的好感，爱屋及乌，康熙最终选择胤禛接班。此时距离乾隆登基还有十三年，清朝官方也没有说弘历是皇太子，朝鲜人更没有必要刻意去尬吹。昭梿的《啸亭杂录》也说，康熙"由是益加宠爱（弘历），而燕翼之贻谋因之而定"，内心深处隔代指定了接班人。

胤禛推荐弘历，于事业而言，暗示大清有了出色的储备人才，事业仍然可以蒸蒸日上；于生活而言，满足了老人家疼爱孙子、关心后辈的情感需求，这是其他人难以做到的。如果只是个普通大臣，虽然可以建言献策，但与康熙毫无血缘关系，走不到他的心里；如果是位皇子，很难有弘历这么出色、这么会讨爷爷欢心的儿子。总体来说，弘历的确是雍正关键时刻打出的一张王牌。

提前布局善抓时机

1717年十一月，康熙在乾清宫东暖阁面对诸皇子、满汉大学士等人，发表了类似遗言的重要讲话："此谕已备十年，若有遗诏，无非此言，披肝露胆，罄尽五内，朕言不再。"他说以后如果有遗诏，也无非就是他现在讲的这些东西。既然是遗言，接班人选肯定是绕不过去的问题，他是这样说的："立储大事，朕岂忘耶？天下神器至重，倘得释此负荷，优游安适，无一事婴心，便可望加增年岁。诸臣受朕深恩，何道俾朕得此息肩之日也，朕今气血耗减，勉强支持，脱有误万几，则从前五十七年之忧勤，岂不可惜。朕之苦衷血诚，一至如此，每览老臣奏疏乞休，未尝不为流涕。尔等有退休之时，朕何地可休息耶？但得数旬之怡养，保全考终之死生，朕之欣喜，岂可言罄，从此岁月悠久，或得如宋高宗之年，未可知也。"告诉人们他没有忘记立储的大事，还羡慕许多老臣可以退休，回家安享晚年，他这个当皇帝的却难以退休，不管年龄有多大，身体多不好，都必须勉强支撑，以免晚节不保。他也在畅想自己能够活到多少岁，说人家宋高宗赵构可是活了八十多岁，康熙认为自己没准也可以挑战一下。

对于接班人，康熙还说过这样一句话："朕万年后，必择一坚固可托之人与尔等作主，必令尔等倾心悦服，断不至贻累于尔诸臣也。"引用电视剧《雍正王朝》里的台词，那就是"朕给你们，找了位坚刚不可夺其志的主子"。在现实生活中，康熙虽然经常提起，大臣们也常常提醒，可新太子并没有被册立。一来是老皇帝对身体有信心，不着急，时间久了可以多多考察；二来是新太子一旦任命，马上就会成为众矢之的，其他皇子必然会使出各种阳招、阴招，让人防不胜防。其实，不册立也是一种变相的保护。

等到1722年，康熙基本上已经锁定了接班人，看来看去，其实也就是雍亲王胤禛还可以。自1708年以来，胤禛先是以"富贵闲人"自居，没有参与太子之位的竞争。老大已经被圈禁；老二彻底被废退出政治舞台；老八收买人心，广泛结党，已被告知绝对不会立其为太子；老九、老十能力不行，且依附于老八，更加没有机会。等到皇太后去世之后，真正还有些可能性的无非就是老三、老四、老十四，诚亲王虽然请康熙吃饭次数最多，但表达能力是硬伤，这样的人怎么君临天下？老十四性格直率、讲义气、敢作敢当、不畏权贵，在外面打打仗还可以，真要龙登九五，那就不太合适了，朝廷不是军营，缺少城府，直来直往、意气用事，不是一个统治者应该有的样子。

反观胤禛，康熙亲自抚养过，对其知根知底，非常孝顺，平时也注意友爱兄弟，没有大规模的结党营私，让自己感受到威胁，像年羹尧、戴铎那种，本来就是镶白旗的，隶属于胤禛合情合理，年羹尧在写给康熙的奏折中，也大大方方说雍亲王就是自己的主子，老皇帝也认可。

在统治后期，康熙交代给胤禛很多工作，后者都雷厉风行地完成了，表现得非常有魄力，此时的大清国，社会矛盾在不断累积，官场越发腐败，各级财政亏空严重，康熙年龄大了，暮气沉沉、有心无力，在他的放纵下，国家形势每况愈下，一天不如一天。

现在最需要的，不是和康熙一样所谓"仁慈""多一事不如少一事"的统治者，而是一个在这个体制内混迹多年，对官场、民情都有深刻理解、体会的人，能够大刀阔斧进行整顿、为这个政权注入新的活力的人。胤禛就非常符合，早年跟随父皇走南闯北，了解各地民情。中年多次办差，又亲身经历了许多朝廷大事，对其中的利弊得失都有深刻的感悟。他能够开展改革，扭转整个帝国的颓势。登基后，他严查亏空，施行摊丁入亩、火耗归公、士民一体当差等改革措施，就是明证，这一点是符合康熙或者说大清朝的期望的。

胤禛的儿子弘历，也深得康熙宠爱，其母也被夸是有福之人。确定雍亲王为接班人，可以保证大清未来两代皇帝的质量。但胤禛也有缺点，那就是年龄偏大，已经四十五岁了，按照当时的平均寿命，能在位二十年都很困难，但找来找去，也没有更加合适的人选，再说弘历也才十二三岁，等到胤禛去世，他就已经成熟起来了，可以担起大清的天下。

假如现在康熙驾崩了，胤禛要登基，哪些人可能会跳出来作乱呢？地方督抚没这个胆量，农民起义也很难形成气候，主要的危险源无非就是其他皇子，在京城内是老大、老二还有老八，前两个人虽然已经被关了十年了，有些旧部或者认死理的士大夫，依然会怀念他们，打着他们的旗号乘机闹事。老八作为失败者，不为康熙所爱，可素有贤名，声望很高，那些依然支持他的人，很有可能也会乘机作乱。

在京城外面，隐患只有一个，那就是十四阿哥胤禵，他手里掌握着十几万军队，一旦叛乱，大清朝就要爆发内战，后果不堪设想。几个月前，康熙刚刚安排他回到甘州，也就是今天甘肃省的张掖市，继续指挥部队。1721年，胤禵以"驱准保藏"之功得胜回朝时，朝廷为他举办了盛大的欢迎仪式，"从来宗室公于诸王阿哥并无此例也"，甚至有人浮想联翩，认为新太子就是胤禵了。胤禛后来也提到这个现象，"令允（胤）禵出征西甯，置之远地，无知之人反谓试用允（胤）禵，将定储位"，推测未来皇帝就是胤禵。在此关键时刻，就得确保京师、西北都有足够的力量，能够及时防范可能出现的变乱。

要保证京师内部的稳定，九门提督隆科多至关重要，他统率着三万人左右的部队，个个训练有素，装备精良，负责首都的警卫、治安等工作，一旦发生变故，只要命令他将各城门关闭，外面人员就无法进来，京城内部无论是谁，都可以想抓就抓。如此行事，老大、老二、老八等人绝无机会。这么重要的岗位，隆科多已经干了十几年，特别是1720年还给他增加了理藩院尚书的职务，说明之前的工作得到了老皇帝的充分认可。九门提督必须完全忠诚于皇帝，但凡有一点结党的苗头，就有可能遭到挫骨扬灰的恐怖下场。康熙是将权力看得比生命还重要的人，绝不会容许身家性命受到直接威胁。

隆科多毫无疑问是忠诚于康熙的，不折不扣地执行了康熙的遗嘱，后来雍正皇帝对年羹尧说过这样一句话："隆科多此人，朕与尔先前不但不深知他，真正大错了。此人真圣祖皇考忠臣、朕之功臣、国家良臣，真正当代第一超群拔萃之希有大臣也。"这句话可以分成两部分来理解，第一部分是说胤禛虽然小时候是皇贵妃佟佳氏抚养的，但两人并没有因为这层关系而有很深的交情，当时康熙已经驾崩，雍正又是和心腹年羹尧说的，正常来看也没有什么顾忌了，当是实情。这也侧面说明隆科多坚守了臣子的本分，并未提前结交皇子。第二部分就是胤禛对隆科多的表扬，甚至是吹捧了，他是父皇的忠臣、我的有功之臣，国家贤良的大臣，和当代所有的大臣比，也是数一数二极其罕见的。能够给出这样的评价，说明隆科多在执行康熙皇帝遗言、帮助胤禛顺利掌握权柄方面，是立下了大功的，属于关键时刻靠得住、值得托付的人。

不过，父死子继、权力交接的敏感时刻，隆科多参与过多、过深，也为最终的悲剧结局埋下了部分伏笔，后来他说"白帝城受命之日，即是死期已至之时"，223年，夷陵兵败的刘备，心力交瘁，染病不起，自觉无颜面见成都群臣，便命令诸葛亮赶赴行宫托付后事。所谓"白帝城受命"，实际上是在引经据典，暗指康熙驾崩后他辅佐胤禛上台之事。他知道得太多了，等新皇帝把皇位坐稳，对他的需求没那么高了，有些事情就会发生了。

至于身在甘州的十四阿哥胤禵，首先，他远离京城，许多重要情报无法第一时间获悉。老十四也明白自己存在这样的劣势，故离京前，特别嘱咐老九胤禟，有什么消息赶紧通知他，方便迅速做出决策。可北京到甘州毕竟1700多公里，古代交通不便，消息真正传来，已经是十天前的旧闻了，万一有人从中做些手脚，情况就更加糟糕。胤禛可以充分利用当时通信缓慢的特点，以康熙的名义召回胤禵，趁机派人把军务给接管了，来个调虎离山，等胤禵得知康熙死讯，为时已晚，他离开甘州已经很久了，只能乖乖回京等待处理。其次，大将军王麾下的十几万军队，那都是大清的军队，不是胤禵的私人武装，等到老皇帝驾崩，新皇帝根据遗诏合法即位，绝大多数士兵必然俯首听命，在遥远的大西北，跟着胤禵对抗整个大清，前途非常渺茫，根本就没有必要冒着生命危险，行此万难之事。最后，西北地区干旱少雨，土地承载力有限，正常情况下根本无法养活十几万军队。兵马未动，粮草先行，掌握了粮食，其实就扼住了十几万大军的咽喉。从其他地区运输粮草，保障西征军队的日常用度，陕西和四川就非常关键，川陕总督是谁呢？恰好就是年羹尧，1722年六月二十二日，年羹尧还给康熙皇帝上了《前往肃州料理粮运折》，其中有言："臣今奉命前往肃州料理粮运，以中下之材为仇怨之薮，臣恃以无恐者，仰求圣主仍如臣在四川时事事指授，频频教训。"说自己现在奉您老人家的旨意，前往肃州料理军粮运输的事情，希望皇帝多多指示，这属于下属给领导的客套话了。"今年三月，臣至肃州，因粮运不接，理应在彼帮办，而事关重大，非奉命专委不能有济，除先令凉庄道蒋洞承运六千五百石，又于甘州、凉州委官雇车四千辆承运一万二千石速为接济，非敢置之度外也。"肃州在今天的甘肃省酒泉市，年羹尧负责往这个地区运粮，还是有一定难度的，更何况他还肩负着川陕两省的管理。工作繁杂，但又非常重要。

四川巡抚蔡珽、四川布政使戴铎，那也都是胤禛的人，雍亲王团队稍微有点分量的就这么三个人，还正好都在陕西、四川为官，能够控制住胤禵大军的粮道与后路，实在是巧合得不能再巧合了，要说这不是有人故意安排的，绝大多数人恐怕都不会相信。幕后操盘手到底是谁呢？川陕总督、四川巡抚这种级别的官员，在那个时代，有权力任命的，除了康熙，没有第二个人。老皇帝这样安排，不仅仅是为了帮助胤禛顺利接班，也是为了他自己。天子都是孤家寡人，即使大将军王是他的儿子，那也不得不防，人心隔肚皮，忠奸不会写在脸上，把胤禵放在如此重要的岗位上，既要充分授权，给足信任，也要做好防范措施，避免胤禵成为第二个起兵靖难的朱棣。不能因为他是亲儿子，就没有底线地信任，自古以来，为了争夺权力，骨肉相残的事情发生得还少吗？

由此可见，1722年，在这个九子夺嫡即将揭晓答案，所有皇子、大臣以及大清国命运都将迎来转折的关键时刻，为了防止可能出现的种种情况，康熙已经提前做好了布局。京城内部交给隆科多，西北地区就交给年羹尧，两位得力干将好好努力，发挥出应有的作用，一场血雨腥风应该可以避免，老皇帝也能够安心地长眠于景陵，和三位皇后还有列祖列宗团聚。

这一刻很快就要来临了，地点不在金碧辉煌的紫禁城，也不在凉意袭人的承德避暑山庄，而是在康熙经常居住的畅春园。人生的最后时刻，老皇帝呈现出一种什么样的状态呢？胤禛登基的过程是否顺利？其他阿哥面对噩耗，又会是什么样的反应？

第五章 意料之外的赢家

冬至畅春园

每当提起清代的皇家园林，几乎每一个中国人，首先想到的都是圆明园。在人教版小学语文五年级上册课本中，有一篇课文叫《圆明园的毁灭》，这篇课文描述了圆明园昔日辉煌的景观和惨遭侵略者践踏而毁灭的景象，旨在告诉一代代中华儿女，要不忘国耻、振兴中华。但如果提及圆明园的起源，估计很多人脑海里都是一片空白，只知道在第二次鸦片战争中，英法联军毁灭了它，还有法国文豪雨果对此事深深的谴责："一天，两个强盗走进了圆明园，一个抢掠，一个放火。可以说，胜利是偷盗者的胜利，两个胜利者一起彻底毁灭了圆明园。人们仿佛又看到了因将巴黛农拆运回英国而臭名远扬的埃尔金的名字。"

1707年，康熙将畅春园北侧一里许的一片园子，赐给了四阿哥胤禛，从这里开始，命运的齿轮逐渐转动。好比苏轼自称"东坡居士"，李清照自称"易安居士"，胤禛也有自己的名号"圆明居士"。登基以后，雍正皇帝对圆明园进行了大规模扩建，还专门派人前往热河围场一带采伐木料。乾隆继承其父对圆明园的喜爱，再接再厉，继续大兴土木。嘉庆、道光年间，大清中衰之势已显，抠门的道光皇帝宁肯放弃木兰秋狝，也不愿意停止对圆明园的修缮。

其实，话说回来，圆明园的崛起，还是由于畅春园。因为康熙皇帝兴建了畅春园，有了安排皇子在附近居住的需求，才把圆明园所在的地块赏给了胤禛。相比圆明园，现在知道畅春园的人明显不多，但是在康熙年间，那绝对是反着来的，因为畅春园是皇帝的居所，圆明园只是个普通亲王的园林，完全不是一个等级的。更为重要的是，康熙皇帝最后的归宿，就是在畅春园的清溪书屋。对于清朝皇室而言，这里既拥有辉煌与快乐的记忆，与此同时，也是个伤心之地。

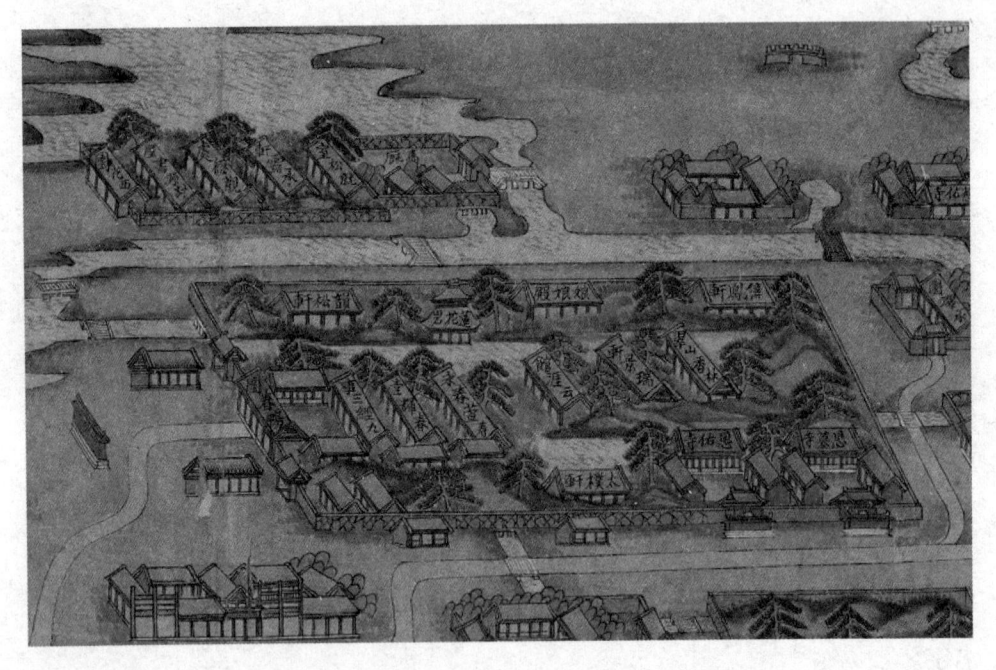

畅春园布局图

畅春园，位于现在北京市海淀区颐和园路5号。明神宗万历年间（公元1573—1620年），李太后的父亲李伟相中了这块风水宝地，在此开工修建园林，名曰"清华园"，随着明亡清兴、世事变化，李伟建造的园林逐渐荒废。到大清时期，康熙再次相中了这里，并于1684年，在清华园的遗址上重新动工，开始修建畅春园。三年后，1687年，畅春园正式竣工交付使用。从这一年开始到1722年驾崩，据统计，康熙皇帝累计前往畅春园250多次，共居住3800多天。换算一下，在康熙的生命中，有十余年的时间是待在畅春园里的。除了紫禁城，这里俨然就是清圣祖时代的第二政治中心。康熙皇帝为什么如此青睐畅春园呢？原因是多方面的，这里没有紫禁城那么多的清规戒律，自由度更高；位于郊区，绿化、水源占地面积较大，气候上比较友好；风景秀丽，令人心驰神往。学者吴长元曾评价道："流泉满道，或注荒地，或伏草径，或散漫尘沙间。春夏之交，晴云碧树，花香鸟声，秋则乱叶飘丹，冬则积雪凝素。"在使用方面，畅春园汇集了外朝、办公、文教、起居、骑射、农耕、游赏、宗教八大功能区，可以满足皇帝几乎所有的需求。

　　1722年的冬天，六十九岁的康熙又一次来到了这里。据《大清圣祖仁皇帝实录》记载，十月二十一日，康熙前往南苑打猎；十一月初七日，由于身体欠安，年迈的皇帝不得不起驾回畅春园休息；两天后的初九日，因为健康问题，安排四阿哥雍亲王胤禛前往南郊，代替他进行冬至的祭天大礼。古语有云："国之大事，在祀与戎。"主持祭祀活动，那是和用兵打仗同等重要的事情，正常来说康熙皇帝都要亲自参加，绝不会由皇子或者大臣代为前往。可是随着近年来身体机能的老化，这样的安排越来越多，胤禛能够得到祭天的机会，说明父皇对他的高度信任，但是他并不想去，更愿意留在康熙身边尽孝。对此，老皇帝并未答应："郊祀上帝，朕躬不能亲往，特命尔恭代。斋戒大典，必须诚敬严恪，尔为朕虔诚展祀可也。"斋戒有斋戒的

十二阿哥胤祹

规矩，必须严格执行，才能展现出内心的虔诚，更何况胤禛代表的不仅是他自己，还是病榻上的康熙，没有办法，四阿哥只好离开畅春园奔赴南郊。

从初十日到十二日，由于挂念父皇的身体状况，胤禛尽管处于斋戒之中，仍然每天派遣护卫、太监到畅春园问安，关心父皇的病情走向，可得到的回答出奇一致："朕体稍愈。"等到十三日，病情突然急剧恶化，丑刻（1点—3点），康熙赶紧下令把胤禛从斋戒的地方召回来，至于南郊祭祀，改由吴尔占代为主持。寅刻（3点—5点），康熙召见皇三子诚亲王胤祉、皇七子淳郡王胤祐、皇八子贝勒胤禩、皇九子贝子胤禟、皇十子敦郡王胤䄉、皇十二子贝子胤祹、皇十三子胤祥、理藩院尚书隆科多等八人到御榻前，发布谕旨："皇四子胤禛人品贵重，深肖朕躬，必能克承大统，著继朕登基，即皇帝位。"明确告诉大家新天子是谁。巳刻（9点—11点），胤禛终于赶回来了，康熙将自己的身体状况相告，并解释病情为什么会越来越严重。这一天，胤禛三次觐见问安。等到戌刻，也就是晚上的19点至21点间，康熙皇帝终于咽下了最后一口气，结束了六十九年的人生，告别了坐了六十一年的皇帝宝座。自此，江山留与后人愁。

《永宪录》对于此事的记载为十一月初七日，康熙从南苑回到畅春园，第二天就宣布患病，传旨说："偶患风寒，本日即透汗。自初十至十五日静养斋戒，一应奏章，不必启奏。"康熙自认为得的是风寒。他准备连续休息六天，其间不上班，大臣们有奏折也不需要启奏了。十一月十三日戌刻，康熙驾崩。对于老皇帝死亡的时间还有地点，基本上众口一词，没什么争议。到雍正年间，皇室将圣祖仁皇帝驾崩的清溪书屋改建为纪念性的庙宇，取名"恩佑寺"，此举从侧面可以反映出，康熙皇帝驾崩在这里无疑。

从十一月初七日患病，到十一月十三日驾崩，总共经过了一周左右的时间。最初的病症与风寒接近，即使到了最后一天，老皇帝的神志仍然清醒，能够和胤禛顺利交流。根据《大清圣祖仁皇帝实录》记载，从南苑回到畅春园以后，康熙还处理过政务："予故汉军都统苏尔法，祭葬如例；以固山贝子允（胤）祹为镶黄旗满洲都统，镇国公吴尔占为镶白旗满洲都统；免山西平、汾二府，泽、沁二州所属州县卫所康熙六十年分旱灾额赋有差；以故一等阿思哈尼哈番刘得礼亲叔刘英袭职。"之后他可能发现身体已无法再承受高负荷的工作，就停止了理政，这四项决策也是康熙政治生涯最后的常规安排了。

早在雍正年间，民间就流传着一种说法，康熙是被胤禛给毒害的，作案工具竟然是一碗人参汤。"圣祖皇帝在畅春园病重，皇上就进一碗人参汤，不知何如，圣祖皇帝就驾了崩，皇上就登了位。"能说出这样的话，这个人对畅春园内的情况有一点了解，但知道得也不是特别多，"不知何如"表示很多细节他也并不清楚。这种可能性大不大呢？实事求是地说比较小，皇帝的饮食，关乎其生命安全，不可能等闲视之，在这种病危的关键时刻，更是要小心翼翼，使尽浑身解数确保万无一失，绝不会某个皇子、某位大臣送点什么东西过来，就让康熙服用了，都是有严格的程序、标准控制的。

就算雍正的确想要通过汤药下毒，以这种非常拙劣的方法弑父，那也不会送人参汤。了解康熙的人就知道，无论送什么汤，哪怕是重庆火锅底料熬出来的汤，都比用人参汤好使。因为根据史料记载，康熙一贯反对服用人参汤。早在十年前，这位皇帝就在苏州织造写的奏折上批示："南方庸医，每每用补剂，而伤人者不计其数，须要小心。曹寅原肯吃人参，今得此病，亦是人参中来的。"认为服用人参汤那是庸医所为，对此表现出极大的不认可，还说江宁织造曹寅以前也吃人参，现在得了重病，祸根也是人参。这其实未必，也可能是其他原因导致的，但康熙就情不自禁地往这方面想，可见对人参汤厌恶到了什么地步。

他还说："南人最好服药服参，北人于参不合，朕从前不轻用药，恐与病不投，无益有损。"认为南方人最喜欢喝人参汤，北方人就不合适，自己以前连药都不轻易服用的，就怕不对症，最后非但没有好处，还加重了病情。康熙自幼生长于北京，太祖、太宗、世祖都出生于关外，可以说属于地地道道的北方人，既然人参不符合北方人的体质，甚至除非迫不得已，他连药物都不肯触碰，怎么可能病危了，还中意胤禛端来的人参汤？典型的哪壶不开提哪壶。所以编造这个谣言的人非常外行，可以说很不了解康熙的生活习惯，随便找个其他种类的汤都会比人参汤可信。

那么驾崩前一段时间，康熙的身体到底怎么样？从表面上看，貌似不错，他先是跑到承德避暑山庄和围场，主持例行的木兰秋狝。听到有的官员、士兵嫌这样的活动过于辛苦，康熙出言驳斥："不知国家承平虽久，岂可遂忘武备？"还说几十年来之所以打了这么多胜仗，就是因为不怕辛苦、坚持训练，"若听信从前条奏之言，惮于劳苦、不加训练，又何能远至万里之外，而灭贼立功乎？"从热河回来，康熙依然没有停下来的意思，又跑到南苑去打猎，看起来精气神非常不错。

老皇帝已经活了六十九岁，在当时，七十岁的老人真的很少见，不像现代人平均寿命都快到八十岁了，清朝初年，能够活到这个岁数的人并不多。许多大臣就建议康熙明年过七十大寿，要热热闹闹、大操大办："皇上统备德功，以臻戬福。兹当七秩初周，普天同庆。臣等幸遭四千余载未遭之昌期，宜行亿万斯年未行之旷典，谨会同九卿、詹事、科道，详议明年万寿节庆贺礼仪，条列以闻。"硬夸明年的七十大寿庆典，是四千年来都没有的好日子，亿万年来没有举办过的旷世大典。

狩猎于木兰围场、南苑两地，加之长途跋涉、舟车劳顿，康熙虽然都坚持过来了，但身体已经相当疲惫。即使现在找个六十九岁的老人做这些事情，能否顺利完成都是个未知数，更别说交通不便、医疗水平欠佳的三百多年前了。

自1708年以来，康熙的身体便每况愈下，废黜太子、皇子争储带来的感情创伤，繁重的军国大事，日渐老化的身体机能，都是健康的破坏者。他又是个死抓权力不放手的人，每天都担惊受怕，心理负担沉重，生怕再出点什么棘手的事情："须眉皓白，总理万几。当此之际，翼翼小心，惟恐善后之策不能预料，保泰图安，夙夜冰兢。"现在积劳成疾，突然病倒，油尽灯枯，寿终正寝，也属情理之中。放眼整个清朝，能够活到这个岁数的，除了孙子乾隆皇帝，也就是康熙和道光了。像同治皇帝，年仅十九岁便撒手人寰。纵观整个中国古代寿命可考的帝王，平均寿龄也只有三十八岁，康熙皇帝算是高寿了。

新皇帝即位

皇帝驾崩,新皇帝突然确立,雍亲王胤禛成功上位。其他阿哥是什么反应呢?他们能够接受做老四臣子的命运吗?数年后,由于继位的合法性屡屡遭受质疑,民间流传着各种各样的野史,胤禛知道后写下了《大义觉迷录》一书,把对他的种种攻击之言收录起来,并予以反驳,这种答疑形式的政治澄清,古往今来都是少有的。乾隆就非常不认同父亲的做法,刚刚登基,就把《大义觉迷录》列为禁书,不允许民间私藏。许多传言,本来老百姓并不知道,雍正这么一说,不但谣言广为传播甚至相信者大有人在,起到了反作用。

在这本书里,雍正回忆了1722年父皇驾崩后,其他兄弟的反应情况。老八是许多大臣认可的贤王,虽然康熙一直告诫他要对太子之位死心,然而,只要谜底没有揭晓,八

雍正皇帝朝服像

阿哥及其党羽自然不会真的放弃。如今噩耗传来，上位的是老四，脸色最不好看的就是隶属于八爷党的老九胤禟，胤禛回忆："及皇考升遐之日，朕在哀痛之时。塞思黑突至朕前，箕踞傲慢而坐，傲慢无礼，意甚叵测。"老四正在痛苦的时候，胤禟突然跑到雍正前面，趾高气扬地坐在对面，非常傲慢，没有半点礼数，简直就是在跟新皇帝叫板。要不是胤禛忍辱负重，强行控制住自己的情绪，场面恐怕会不可收拾。

相比之下，诚亲王胤祉等人就非常配合，听到隆科多说未来的皇帝是胤禛，他们当即跪下来叩头，表示愿意服从新领导的安排，请万岁爷节哀，见兄弟们都服服帖帖，胤禛这才勉强起身，开始料理大行皇帝的丧事。老八是什么反应呢？据雍正回忆，八阿哥完全没有半点忧伤的神情，对于这样的父亲，他感觉不到伤心是正常的，几年前骂他母妃是辛者库贱妇的是谁？要和他断绝父子关系的又是谁？老八站在畅春园一个院子的外面，倚靠着柱子，默默沉思，胤禛给他安排工作，他是一点反应都没有，未说半句话，完全沉浸在自己的世界中。经过一段时间，总算接受了现实，虽然老八很受佟佳氏等大家族的认可，但也因此颇受父皇的忌惮，在这场斗争中早早出局。如今兄弟继位，俯首称臣，不过是迟早的事情。

在康熙驾崩当晚，十七阿哥胤礼正在皇宫值班，听闻变故，马上

十七阿哥胤礼

就往畅春园赶，在西直门大街碰到了隆科多。得知继承大统的是雍亲王胤禛，胤礼的反应非常夸张："神色乖张，有类疯狂。闻其奔回邸第，并未在宫迎驾伺候。"胤礼迅速跑回王府躲起来，给他安排的值班任务也放弃了。考虑到老十七的岳父是支持老八的，胤禛就在考虑是不是该处理胤礼，安排他到景陵给皇阿玛守陵，被十三阿哥胤祥劝阻。"常务副皇帝"认为胤礼人品还是可以的，就是胆子太小，没有别的意思。胤禛采信了，十三年后，雍正临终前还让胤礼做了新帝的辅政大臣。

康熙驾崩在行宫，他的遗体是未来治丧的关键，能否把丧葬等事宜做到位，是考验胤禛的一大难题。办好了，说明新皇帝孝顺，大家都会增加认可度；没有办好，那些原本就对胤禛不满的人就会更有意见。畅春园只不过是皇帝偶尔居住的地方，相当于疗养休息性质的，正儿八经的宫殿还得是紫禁城，停放遗体、举办丧礼什么的也更为方便。胤禛首先要做的就是转运梓宫，把康熙的梓宫送回大内。十一月十三日的夜晚，这项工作就已经开展了，先帝驾崩于19点至21点间，胤禛下令用銮舆连夜运载，但不得声张康熙去世的消息，给外人的感觉，就和平时没有什么区别，好像并没有发生"山崩地裂"的大事。这叫秘不发丧，在新皇帝还没有顺利登基，权力正在过渡的敏感时刻，这种事情知道的人越少越好。649年，唐太宗李世民在行宫——终南山上的翠微宫驾崩，长孙无忌和李治是怎么做的呢？也是秘不发丧，装作什么事情都没有，选派那些最信得过的武装人员，一路护送先帝灵柩与太子，等进入长安城的皇宫，才把先帝的死讯公布出来。

胤禛没有跟着康熙梓宫同行，他在隆科多的重兵保护下，先行回到了紫禁城，为什么呢？他要恭迎父皇的灵柩，开始展现孝道，做给天下臣民看了。康熙临终时，曾召见七位皇子与隆科多，这里有些奇怪，为什么不召见大学士、六部尚书等高官，偏偏召见隆科多呢？还有，康熙最后一天见了胤禛数次，始终没有提到接班的事情，胤禛知道自己是接班人时，康熙已经驾崩了，这也很莫名其妙。不知道老皇帝最后在想些什么。

第二天，大行皇帝的死讯正式发布，同时传出让四阿哥胤禛接班的消息。胤禛任命了总理事务大臣，包括老八胤禩、老十三胤祥、马齐、隆科多等，封八阿哥为廉亲王，封十三阿哥为怡亲王，在此之前，老八只是个贝勒而已，连郡王都不是，老十三更是被雪藏了十几年，压根儿就没有爵位。胤禛此番任命，绝对属于破格。八阿哥素有贤名，胤礽第一次被废后，他受到诸多大臣的推荐，直接把康熙提前谋划的好戏给搅黄了，现在胤禛封老八为亲王，不仅是在拉拢他一个人，还包括他背后的支持者，其中不乏有头有脸的人物。至于胤祥，从小就和胤禛的关系好到不能再好，比亲兄弟要亲多了，之前被圈禁那么多年，政治抱负难以施展，现在总算熬到了出头之日，胤禛迫不及待地把能文能武的十三弟放出来辅佐自己。他以前没有爵位的事情，在胤禛看来完全不要紧。马齐是大学士、父皇多年的重臣了，经验丰富，能力也没的说。隆科多是九门提督，坚决执行先帝的遗言，值此关键时刻，他的重要性不言而喻。胤禛任命这四个人为总理事务大臣，安排得非常合理，也非常必要。为了保证顺利继承皇位，胤禛命令隆科多关闭京师九门。

十一月十九日，胤禛因为接班，派遣官员祭祀天地、太庙、社稷坛，把这个消息告诉老天爷、各路神仙以及列祖列宗，这都是例行操作了，已经被关闭六天的京师九门恢复开放，最敏感的、最危险的时刻已经过去。早在胤礽第一次被废时，隔壁朝鲜国的大臣有过预言："康熙死后，兵乱可翘足而待。"等到皇帝真驾崩了，他们又预测："康熙既殁之后，祸乱之作，十居八九……彼国不预建太子，似必有五公子争立之事。"可惜都没有猜中，北京城紧张而又安宁，并未发生大规模流血冲突。在电视剧《雍正王朝》中，有过十三阿哥胤祥去丰台大营掌握兵权的剧情，在史书中没有找到出处，应该是编剧的发挥，他与隆科多协同负责城内安全是真；十六阿哥胤禄则负责皇宫里的安全，同时掌管内务府，可见老十六应当也是四阿哥的党羽，关键时刻能获得充分信任。次日，胤禛来到太和殿正式登基，接受百官朝贺，宣布改年号为"雍正"，从明年开始，使用了六十一年的康熙年号成为历史。诏书原文在《大清世宗宪皇帝实录》中可以查阅，具体如下：

惟我国家受天绥佑，太祖、太宗肇造区夏，世祖章皇帝统一疆隅。我皇考大行皇帝，临御六十一年，德茂功高，文经武纬，海宇宁谧，历数悠长，不谓谢弃臣民，遽升龙驭，亲授神器，属于藐躬。朕皇考大行皇帝德妃之子，昔皇二子弱龄建立，深为圣慈钟爱。寝处时依，恩勤倍笃。不幸中年神志昏愦，病类风狂。皇考念宗社重任，付托为艰，不得已再行废斥，待至十有余年。沉疾如故，瘥可无期。是以皇考升遐之日，诏朕缵承大统。朕之昆弟子侄甚多，惟思一体相关，敦睦罔替，共享升平之福，永图磐石之安。

孔子曰："三年无改于父之道。"我皇考临御以来，良法美政，万世昭垂，朕当永遵成宪，不敢稍有更张，何止三年无改。至于皇考知人善任，至明至当，内外诸大臣，朕方亟资翊赞，以期始终保全，务宜竭尽公忠，恪守廉节。俾朕得以加恩故旧，克成孝思，倘或不守官箴，自干国纪，既负皇考简拔委用之恩，又负朕笃爱大臣之谊。部院属吏、直省有司，亦宜实心任事，洁己奉公，不得推诿上官，自旷厥职。

天下百姓，受皇考恩泽日久，蠲赈频施，劝惩备至，间有愚氓，甘犯律令，皇考每遇谳决，必加详审，爰书累牍，披阅靡遗，少有可生之路，立施法外之仁。凡我百姓，各宜孝亲敬长，畏罪怀刑，以副朕仰法皇考如天好生之意。兹因诸王、贝勒、大臣、文武官员人等，佥谓天位不可久虚，宗社允宜鬯主，再三陈请。朕勉徇舆情，暂抑悲痛。于是月二十日，祇告天地宗庙社稷，即皇帝位，以明年为雍正元年。仰惟先志之宜承，深望皇图之永固，诞昭新化，期衍旧恩。於戏，追慕前徽，继述无忘于夙夜，广推圣泽，恩膏愿被于寰区。凡尔亲贤文武，其共矢荩诚，各输心膂，用绍无疆之业，永垂有道之麻。布告天下，咸使闻知。

在登基诏书中，雍正强调，他的皇位是从先帝那里传来的，绝不是什么篡位。他还回顾了以前的太子、二阿哥胤礽，说胤礽很小的时候就被立为太子，父皇待他也非常不错，可惜人到中年，神志就开始不清楚了，像发疯了一样，康熙以江山社稷为重，不得已将其废黜，之后十几年，发现胤礽完全没有任何好转的迹象，先帝只能重新选择接班人。这里把胤礽被废完全归咎于身体健康原因，对于主观上的失德、劣迹避而不谈，属于有的放矢，算是为皇家保留了些脸面。

之后就说康熙皇帝对臣子、对百姓都非常好，以后你们要再接再厉，好好表现，不辜负先帝的厚爱。最后，胤禛认为皇位不能一直空着，必须得有个人管事，经宗室皇族、文武百官再三恳请，他才勉为其难地当了这个皇帝，这句话说得也不老实，明明是自己特别想当，现在表现得非常谦虚，好像是被逼迫的一样。大臣们倒是想不恳请，可是人家敢吗？

这也是两千年来的老传统、老伎俩了。曹丕篡汉的时候，传位诏书拒绝了好几次，汉献帝无可奈何，觍着脸继续给他下旨：小舅子！你就接旨吧！别再折磨我了！我身为你的岳父兼妹夫，已经忍了二十多年！实在是受够了！宋太祖赵匡胤，明明他才是陈桥兵变、黄袍加身的总导演，杯酒释兵权时，却对将军们说：你们贪图富贵，立我为皇帝，以后你们的手下要是如法炮制，该怎么办呀？好像他也没想当这个官家，全赖手下过于贪婪，非要把自己给捧上去，他老赵才是受害者。

十一月二十八日，群臣给康熙皇帝想好了庙号，叫"圣祖"："臣等窃谓惟圣字可以赞扬大行皇帝之峻德；惟祖号可以显彰大行皇帝之隆功。恭拟敬上尊谥曰：'合天弘运文武睿哲恭俭宽裕孝敬诚信功德大成仁皇帝'，庙号曰圣祖。"

之前清朝已经有两个祖了，分别为太祖高皇帝努尔哈赤、世祖章皇帝福临，太祖那是大清政权的建立者，一辈子呕心沥血、惨淡经营、栉风沐雨，"太祖"庙号当之无愧；世祖也就是顺治皇帝，是清朝入关后的第一任皇帝，但很多功劳其实是多尔衮的，特别是定鼎中原的关键阶段，当时福临只有六岁，"世祖"庙号于他明显有些过誉了。像康熙这样的守成之君，庙号中有"祖"也不合适。七十多年后，乾隆快驾崩的时候，竟然提醒嘉庆皇帝：我的庙号必须是宗，不能是祖。说明在老弘历心目中，自己完全配得上有"祖"字的庙号，只是为了表面谦虚，才特意交代后继之君，必须保持低调。

但雍正是满意的，康熙庙号"圣祖"，可以体现出对父皇的高度认可，还有他本人的孝心，他对宗室群臣们说："诸王大臣官员，俱深悉我皇考一生神圣实行。同心合词，恭上尊称，无一人异词，甚惬朕怀。朕之哀思，庶可稍释。"大家都认为康熙的庙号应该是"圣祖"，全票通过，没有一个人持有反对意见，雍正非常高兴，心中的哀思也稍稍缓解。他用牙齿将手指咬破，用鲜血把"圣祖"两个字圈出。十二月初三日，康熙的梓宫被转运到紫禁城北的景山寿皇殿；初九日，先帝驾崩满二十七日，雍正释服，移居养心殿，没有和父皇一样住在乾清宫。他给出的理由是康熙在此居住六十余年，里面全都是父皇的影子与曾经的回忆，他现在住进去，于心不忍，想想还是不住了，命人把养心殿简单装修一下，强调务必节俭。

1723年的四月初二日，康熙皇帝梓宫被送往河北遵化的景陵安葬。等到九月份，灵柩正式送入地宫，从此再也没有出来过。新中国成立前，景陵被盗，康熙的大棺材被土匪们劈开，陪葬品惨遭洗劫，至今大清圣祖仁皇帝的骨骸依然在地宫的积水里漂浮着。清东陵管理处的工作人员，没有像对待乾隆裕陵、慈禧定东陵那样清理景陵地宫，只是将盗洞封堵，地宫内的状况，和当年被盗时是一样的。康熙如果泉下有知，不知作何感想，也许他早就不在乎了，生前享受了无上荣光，死后的一切无法顾及。

康熙皇帝的陵寝——景陵

在对遗体处理的方法上，康熙与前面三位皇帝都有本质区别，按照满族传统，努尔哈赤、皇太极、福临都是火化的，顺治皇帝被火化时，一起被焚化的珠宝散发出五颜六色的光，看起来特别美，也特别浪费。到圣祖仁皇帝这一代，受儒家传统思想影响较深，感觉火化太不人道，也有违孝顺、节俭的美德，干脆改为土葬。金银珠宝陪葬得越多，越体现后继之君的孝道，当然，盗墓贼也更感兴趣了。至今顺治皇帝的孝陵还没有被盗，除了设施较为坚固外，地宫内只有骨灰坛，没有珍宝也是重要原因。雍正没有把陵址选择在清东陵，而是跑到河北易县另辟蹊径，他没有跟随父祖葬在一块儿，被许多人解读为良心不安，生前杀父篡位，死后哪还有脸见他们？平心而论，这也是猜测罢了。

康熙遗诏有没有被动过手脚

雍正皇帝颁布了先帝遗诏，内容如下：

从来帝王之治天下，未尝不以敬天法祖为首务。敬天法祖之实，在柔远能迩、休养苍生，共四海之利为利，一天下之心为心，保邦于未危，致治于未乱。夙夜孜孜，寤寐不遑，为久远之国计，庶乎近之。今朕年届七旬，在位六十一年，实赖天地宗社之默佑，非朕凉德之所致也。历观史册，自黄帝甲子，迄今四千三百五十余年，共三百一帝。如朕在位之久者甚少，朕临御至二十年时，不敢逆料至三十年；三十年时，不敢逆料至四十年；今已六十一年矣。《尚书·洪范》所载，一曰寿，二曰富，三曰康宁，四曰攸好德，五曰考终命。五福以考终命列于第五者，诚以其难得故也。今朕年已登耆，富有四海，子孙百五十余人，天下安乐，朕之福亦云厚矣。即或有不虞，心亦泰然。念自御极以来，虽不敢自谓能移风易俗，家给人足，上拟三代明圣之主，而欲致海宇升平、人民乐业，孜孜汲汲，小心敬慎，夙夜不遑，未尝少懈，数十年来，殚心竭力，有如一日，此岂仅劳苦二字所能该括耶。

前代帝王，或享年不永，史论概以为酒色所致，此皆书生好为讥评。虽纯全尽美之君，亦必抉摘瑕疵，朕今为前代帝王剖白言之。盖由天下事繁，不胜劳惫之所致也。诸葛亮云："鞠躬尽瘁，死而后已。"为人臣者，惟诸葛亮能如此耳。若帝王仔肩甚重，无可旁诿，岂臣下所可比拟？臣下可仕则仕，可止则止，年老致政而归，抱子弄孙，犹得优游自适。为君者勤劬一生，了无休息之日。如舜虽称无为而治，然身殁于苍梧；禹乘四载，胼手胝足，终于会稽。似此皆勤劳政事，巡行周历，不遑宁处。岂可谓之崇尚无为，清静自持乎？易遁卦六爻，未尝言及人主之事。可见人主原无宴息之地，可以退藏。鞠躬尽瘁，诚谓此也。

自古得天下之正，莫如我朝。太祖、太宗初无取天下之心，尝兵及京城，诸大臣咸云当取。太宗皇帝曰：明与我国，素非和好，今欲取之甚易，但念系中国之主，不忍取也。后流贼李自成攻破京城，崇祯自缢，臣民相率来迎，乃剪灭闯寇，入承大统。稽查典礼，安葬崇祯。昔汉高祖系泗上亭长，明太祖一皇觉寺僧。项羽起兵攻秦，而天下卒归于汉；元末陈友谅等蜂起，而天下卒归于明。我朝承席先烈，应天顺人，抚有区宇，以此见乱臣贼子，无非为真主驱除也。凡帝王自有天命，应享寿考者，不能使之不享寿考。应享太平者，不能使之不享太平。

朕自幼读书，于古今道理，粗能通晓。又年力盛时，能弯十五力弓，发十三把箭。用兵临戎之事，皆所优为。然平生未尝妄杀一人，平定三藩，扫清漠北，皆出一心运筹。户部帑金，非用师赈饥，未敢妄费，谓此皆小民脂膏故也。所有巡狩行宫，不施采绘，每岁所费不过一二万金。较之河工岁费三百余万，尚不及百分之一。昔梁武帝亦创业英雄，后至耄年，为侯景所逼，遂有台城之祸。隋文帝亦开创之主，不能预知其子炀帝之恶，卒至不克令终，皆由辨之不早也。朕之子孙，百有余人，朕年已七十，诸王、大臣、官员、军民，以及蒙古人等，无不爱惜。朕年迈之人，今虽以寿终，朕亦愉悦。至太祖皇帝之子礼亲王、饶余王之子孙，见今俱各安全。朕身后，尔等若能协心保全，朕亦欣然安逝。雍亲王皇四子胤禛，人品贵重，深肖朕躬，必能克承大统，著继朕登基，即皇帝位。即遵典制，持服二十七日释服。布告天下，咸使闻知。

综观整篇遗诏，与1717年乾清宫东暖阁发表的那份遗言，内容上基本是一致的，当时康熙就说过：如有遗诏，无非此言。但对于这份遗诏是否真的为康熙所撰，几百年来争论不一，如果的确为康熙亲笔撰写，或者由其口述，他人代笔，从内容看应该是他的本意，因为和几年前的遗言高度接近；如果压根儿就没有遗诏，是雍正找人后补的，只为了证明继位的合法性，那么这位"枪手"也是做足了功课的，要是凭空另写一篇，与康熙五十六年的遗言差异很大，皇子、重臣必然生疑，矫诏、篡位之说更得甚嚣尘上。

在遗诏的第一部分，康熙首先表达了知足，活了将近七十岁，在位六十一年，自古以来能有几个帝王做到？老天爷能够给他这么多时间，他已经非常感激了。接下来，康熙又强调了身为帝王的不容易，古代那些皇帝大多命不长久，许多书生认为是沉迷享乐所致，康熙为他们发声鸣不平，说根本就不是，身为帝王要日理万机，工作压力太大，工作强度太高。大臣说不干就可以不干，老了还可以退休，回家含饴弄孙，享受天伦之乐，我们皇帝可以吗？只要不驾崩，就得数十年如一日。

第三部分谈政权的合法性，可以说是最为荒谬的内容。康熙表示，我们大清朝，太祖、太宗皇帝最早并没有统一全国的想法，皇太极兵临北京城下，有人劝他攻下此城，被太宗皇帝拒绝，说虽然明朝和我们关系一向不好，想要拿下也很容易，但这是大明朝的首都呀！崇祯是皇帝呀！不忍心攻取。实际上是尝试过攻打，实力不允许罢了，加之各地的勤王军队不断赶来，孤军深入的后金军不宜久留。而且在此过程中，皇太极的士兵杀烧抢掠、无恶不作，哪里有半点所谓的"不忍"，根本就是在美化血腥的创业史。

又造谣说他们入主中原，是因为李自成杀入北京，崇祯皇帝在煤山自缢，臣民们都争先恐后地期盼满清入关，多尔衮便顺应民心，打败了李自成，帮助明朝报仇，乘势入主中原。众所周知，从努尔哈赤建立后金以来，和明朝的战争基本上就没有停过，双方交战近三十年，本就是仇敌，闯王进京后，摄政王多尔衮趁其立足未稳，加之吴三桂又主动降清，便发起了山海关之战，击溃闯军后顺利定鼎燕京。之后清军南下，又与南明政权激战，永历皇帝在昆明被绞死。这哪里是什么为大明报仇，分明就是在摘桃子、争天下，

康熙皇帝遗诏

将对立政权无差别地消灭。康熙遗诏还举了刘邦、朱元璋取天下的例子，说自己的政权和他们一样，都是真命天子，项羽、陈友谅还有李自成等人，势力虽然一度很大，可遇到了真命天子，只有覆亡的结局，这同样也是在美化，将依靠权谋杀戮得来的天下，说成是上天的安排，好让臣民顺服，放弃反抗之心，儒家文化说敬天法祖，天意如此，岂能违背？

最后一部分是对个人一生的评价，并指定了下一任皇帝的人选。康熙表示，朕能文能武，从来不滥杀无辜，平时注重节俭，关注民生，把钱都用在国家百姓最需要的地方。四阿哥胤禛人品好，朕非常满意，以后肯定可以胜任这个岗位，皇位就交给他了，同时希望广大宗室能够团结。

遗诏这件事还有个疑影，在民间也是广为流传，三百多年来热度不减，与太后下嫁、顺治出家等均为清宫疑案，同样出自《大义觉迷录》。雍正年间，据广西巡抚奏报，太监于义、何玉柱等人曾散布一个说法，说"圣祖皇帝原传十四阿哥允禵天下，皇上将'十'改为'于'字"，康熙原本是想传位给老

十四胤禵，遗诏里面写的是"皇位传十四子胤祯"，胤禛灵机一动，在"十"字上动了手脚，具体办法是最上方加了一横，最底下加了一钩，"十"就变成了"于"，然后把"祯"改为了"禛"，结果就变为"皇位传于四子胤禛"，你说是不是神来之笔？改几个字就得了天下。

不得不说，这个说法与之前那个送人参汤的有的一比，同样荒唐。清朝遗诏又不是只有汉语版本，还存在满语版本，"十"和"于"在汉语中非常接近，那满文版又如何能修改？届时两个版本对不上，必然引起争议，拙劣的手段也将暴露，得不偿失。即使在汉文的诏书中，正常也不会写"皇位传十四子胤祯"，而是写"皇位传皇十四子胤祯"，如果把"十"改为"于"，就变成了"皇位传皇于四子胤禛"，根本就不通顺的，很容易看出问题。再说要把"祯"改为"禛"，也是有难度的，容易被发现涂改的痕迹。更何况当时书面材料一般写的是"於"，很少用这个"于"。

更有疯狂的说法，认为胤禛以前不叫胤禛，是什么名字不知道，十四阿哥原本叫胤禵，后来改为胤祯，遗诏上写的也是传位于胤祯。老四为了篡位，把诏书上的"胤祯"改为"胤禛"，出于规避嫌疑的需要，雍正勒令老十四把名字改回胤禵，自己则用了"胤禛"的名字，鱼目混珠。这种说法离谱得不能再离谱了，胤禵有过改名是真，但胤禛的名字从来就没有变过，看看中国第一历史档案馆藏的《宗室玉牒》就清楚了，几十年了，胤禛还是胤禛，没有任何证据显示他叫过别的名字，胤禵改名是因为四哥登基了，再叫胤祯不合适，"祯"与"禛"同音，出于避讳的需要，他不能再叫这个，而且"胤"字也不能用了，雍正的避讳方法是兄弟们全部改名，原来的"胤"统一改为"允"，比如二阿哥胤礽，雍正即位后就变成了"允礽"，怡亲王胤祥改名为"允祥"，一言以蔽之：别人动，他不动。嘉庆、道光的避讳方法是改自己的名字，"永琰"改为"颙琰"，"绵宁"改为"旻宁"，找个相对生僻的字，影响范围相对小一些。像乾隆、咸丰、同治、光绪、宣统都没有要求兄弟们改名，避皇帝的名讳。奕䜣还是叫奕䜣，没有变成其他什么䜣，载沣也还叫载沣，并没有改为其他什么沣。

遗诏是不是康熙在世期间就已经写好的呢？从之后的情况看，可能性似乎相对较低。遗诏的原件目前都是留存的，并没有丢失，落款也是康熙去世的那一天，即十一月十三日。问题就在于，既然十三日已经写好了遗诏，为什么雍正皇帝到十六日才公布？宣读的还只是满文版的，当时就有御史提出异议，认为汉文版的也应该宣读，结果就是拿不出来。而且遗诏的字迹比较潦草，还有涂抹的地方，甚至有错别字，给人的感觉就是准备得比较仓促。

仅从毛病多这点看，其实也可以理解，老皇帝都要去世了，需要尽快撰写遗诏，这种天大的事情，又属于特急的那种，写的人心理压力过大，手都是发抖的，时间紧任务重，发挥得不太好。但十六日公布，还只有满文版的，就有些奇怪了，这几天都干什么去了？如果要说遗诏是后补的，两天时间完全可以补好，汉文、满文都有，应该也不是什么难事。老皇帝几年前就已经发表了遗言，在此基础上做些修改，将后继之君明确一下，找一两个文笔好的、书法也不错的人负责，也不至于有瓜田李下的事情。其实，根据遗诏来判断雍正是否篡位，理论上是行不通的。结论都建立在推测的基础上，即使遗诏在书写上、内容上、时间上没有任何问题，持"篡位说"的人也会认为这是雍正上台以后补的，权力在他手上，这点事情干起来轻而易举。到底是不是真的，恐怕只有康熙、雍正还有当时少量的高官清楚，无论真伪与否，雍正都只能给出一个答案：就是真的。毕竟很多场合是立场决定脑袋，并非完全按照事实进行阐述。

调虎离山解除胤禵兵权

在此期间，十四阿哥胤禵也从甘州返回京师，根据《大清世宗宪皇帝实录》的说法，是雍正皇帝下令将其从西北召回的。"西路军务，大将军职任重大。十四阿哥允（胤）禵，势难暂离，但遇皇考大事，伊若不来，恐于心不安。著速行文大将军王，令与弘曙二人驰驿来京。"胤禛认为西北军情要紧，大将军王身为统帅，理应坐镇，不可擅离职守，可如今先帝驾崩，胤禵身为皇子，要是不回京奔丧，恐怕心里也过意不去，最后还是决定把大将军王调回来。前线的工作，由延信立即前往代理，管理大将军的印务。川陕总督年羹尧，负责大军的粮饷供应，至于他是想在肃州、甘州还是西安办公，由他仔细考虑，想好后汇报定夺。副都统阿尔纳、阿林保，跟着胤禵、弘曙进京。

雍正皇帝的这项安排，实际上就是把前线主帅给撤换了，只是没有明说，胤禵回京后，不可能再让他回到西北前线，延信是皇太极长子豪格之孙，之前在清军进攻西藏的战役立下战功，得到康熙褒奖："平逆将军延信……此番领满洲、蒙古、绿旗兵丁，过自古未到之烟瘴恶水、无人居住之绝域，歼灭丑类，平定藏地。允称不辱宗支，克展勇略，深属可嘉！著封辅国公。"他能力出色、功劳过硬,对前线的情况也熟悉,还是宗室子弟,靠得住,由他接替抚远大将军的职务,非常合适。年羹尧更是心腹了,他当川陕总督,就是为了控制住胤禵的生命线,没钱没粮还怎么造反?老十四纵有异心,也必须乖乖收敛。

但是在朝鲜史料中,却有截然不同的说法,朝鲜人怎么会知道大清的消息呢?当时他们属于清朝的藩属国,常常派遣外交使团来到京师,与上层官员会有一定的接触,自然也可以知道些所谓的内幕。不过本身是外国人,得知的消息也是道听途说的居多,未必可靠。1722年十二月下旬,朝鲜使团抵达北京,此行目的主要两个,第一是谢恩;第二是进贡。康熙皇帝十一月十三日就驾崩了,现在距离先帝升遐已经过去了一个多月,京师各种流言那是满天飞,次年回国以后,他们对所见所闻进行了记录:

上年十一月初七日,康熙皇帝始自南海子回驾畅春苑。初八日感冒风寒,而症非大叚,故七旬庆诏,以十一、二两日连续发遣于各省。而十三日早朝,与内阁诸臣议国政,毕,气忽昏迷不省。大学士王掞跪问病,仍请国事何如。请至再三,皇帝睁目不言。是日酉时崩逝。二更量移驾还宫。十五日,大学士马齐、九门提督隆科多,及十二王等相与谋议,称有遗诏,拥立新君后,始为举哀。二十日,颁登基诏。以此多有人言,或称秘不发丧,或称矫诏袭位。内间事秘,莫测端倪。

关于康熙患病、去世的记载,朝鲜的材料和清朝官方的说法大体接近。一开始是风寒的症状,好像不是特别严重,明年康熙就七十岁了,准备好好庆祝庆祝,所以相关的诏书依然在不断地下发到各省。后面就不一样了,清朝官方的说法是康熙病情越来越严重,已经不能上班了,要求百官也不要再上奏折,朝鲜人却说直到去世当天早上,皇帝还在处理政务,干着干着,突然就昏迷不醒。大学士王掞询问康熙病情如何，一些政务怎么处理，请示了很多次，康熙闭着眼睛什么话都不说，看样子比较严重，当天晚上就去世了，灵柩被运回紫禁城。等到十五日，隆科多、马齐声称先帝留有遗诏。当时就有人认为遗诏是假的，雍正是篡位，十三日到十五日间，朝廷一直秘不发丧。关于胤禵的记载，就有些值得琢磨了：

而至于矫诏，则似是实状。所谓十四王者，与新君同腹兄弟，而康熙爱子，且有民誉，往年拜征西大将军往征西贼矣。上年四月，自军中入朝，则父子相对，亲赐玉玺以送。及至十一月感疾之初，密诏召之，未及到而先崩。新君即位后，以其拥兵在外，虑或不受命，假称康熙诏命，使之入朝，而责其违限十日，不即召见。日久，只得往留于景山殡侧。而索其前赐玉玺及密诏，则违拒不纳，语且不逊。故既革王爵，且有加罪之意。而有掣肘处，不敢发云。

十四阿哥胤禵，深得父皇康熙宠爱，之前被任命为大将军王，派到西部征战，获得"驱准保藏"战争的胜利，在民间积累了一些声望，老皇帝也非常满意，表扬道："朕又遣大兵前往击败策零敦多卜等，复取西藏，救土伯特于水火之中。我兵直抵西藏、立功绝域。"1722年，胤禵从西北回京，老皇帝亲自把"玉玺"赐给老十四，这里的"玉玺"肯定不是"受命于天，既寿永昌"那枚，否则胤禵就成皇帝了，估计是那种激励性质的，朝鲜人估计是看到类似的物品就想当然地理解为"玉玺"。等到十一月份，康熙自认为身体快不行了，就给胤禵下了密诏，要求他赶紧回京，接自己的班，可惜甘州离北京路途遥远，人还没到，皇帝就驾崩了，四阿哥胤禛利用在京优势，捷足先登。考虑到胤禵手握重兵，长期在外，绝对是个威胁，于是他就矫诏，以康熙的名义发布诏书，将大将军王召回，然后要求其把密诏以及"玉玺"都给交出来，胤禵一听就火冒三丈，心想皇阿玛明明是把皇位传给了我，四哥却使用卑鄙的手段夺位，现在还让我把先帝御赐的东西上交，没门！就非常不配合，说的话也很难听，把雍正的鼻子都给气歪了，这还得了！于是雍正就革去了胤禵的爵位。

雍正在给延信的密旨中，的确有收缴胤禵之前的奏折和康熙朱批的指示，原文如下：

尔到达后，尔将大将军王之所有奏书，所奉朱批谕旨，均收缴，封闭具奏送来。倘将军亲自携来，尔速陈其由，于伊家私书到达前密奏。倘尔稍有怠懒庸懦，使其观家书而未全解送，朕则怨尔。途中若遇大将军，此情万勿被发觉。惟尔抵达甘州前，称谕旨赶到，尽告彼处大臣等。尔抵达后即收领印信，掌权之后再行。此间事甚机密，尔之所有密奏文书，以大将军有奏书之匣、钥匙，尔传旨取用。若平常具奏，则普通封奏。札克丹等、太监等若强推诿谎称将军亲自携来，即行执拿，一面具奏。

从密旨内容看，胤禛对收缴奏书及朱批谕旨之事格外关注，还特别强调，如果延信这件事办得不好，自己会怀恨于他。全程必须严格保密，目的达到前，不可以泄露出去，给人一种小心翼翼、如坐针毡的感觉。后世就有人大胆推测，胤禛如此担惊受怕，肯定是那些奏折、朱批中，写有康熙承诺传位给胤禵的指示，现在他已经成功篡位，自然害怕写有这些内容的朱批被十四阿哥公之于众，那么他弑父夺位、谋权篡政的罪恶行径将暴露，那些忠于康熙、忠于大清的臣子、军人，将在胤禵的振臂一呼下，纷纷站出来奉诏护国。胤禛刚刚到手的皇位立即就要失去，他又岂能不急？但这一切都是推测，双方奏折上到底写了什么，现在没有人知道。雍正登基以后，同时也要求别的大臣，将之前有康熙朱批的奏折全部上交，只能说胤禵这部分索要得比较急。

后手：谋定而启动，出手就是定局

在1736年《耶稣会传教士巴多明神父致本会杜赫德神父的信》这份史料中，也有提到这样一件事：

新皇帝（指雍正帝）一即位，就冒用已故皇帝的名义，好像他还活着，派人接连送急件到鞑靼，命十四亲王把官印交给他指定的人，不必带很多随从，尽早回北京商讨一件最重要的大事。十四亲王立即遵命，他只是到了离朝廷还有三天路程的时候才知道是怎么一回事。

在朝鲜使臣、耶稣会传教士巴多明神父提供的材料中，胤禵不是雍正皇帝登基后，以新皇帝的名义召回来的。他在甘州收到的第一份旨意，是以康熙的名义发出的，大意是有重大紧急的事情需要面谈，要他赶紧回来。既然是父皇的意思，又催得比较急，胤禵自然浮想联翩，以为要立自己为太子了。就赶紧把工作交接完毕，立即启程，奔赴京师。他哪里知道，此时康熙已经驾崩，这份命令是同父同母的亲兄弟胤禛以康熙的名义写给他的，意图就是调虎离山，乘着胤禵远离甘州，派人将他手里的兵权给接管了。大将军王没有了部队，自然就不能掀起什么大浪。

胤禛在京城盘算着时间，他估计胤禵已经出发好几天了，兵权应该已经被年羹尧接管了，赶紧又下了一道命令，就是让之前提到的延信去接管兵权，这回是以新君的名义。胤禵在半路上遇到了延信，听说康熙已经驾崩，新皇帝是老四，自己又已远离甘州，一下子六神无主，不知道何去何从，慌乱悲愤之余，抱头痛哭，想着返回甘州，下属札克丹极力劝阻：朝廷命令你进京，你却半路返回甘州，那就是抗旨不遵，老四正好有理由收拾你。而且兵权肯定已经被胤禛派人给接管了，回去也没有多大意义，倒不如继续进京。当然，这两条路走下去都没有什么好结果，相比之下，还是进京更有利些。根据一些史料记载，胤禵曾对延信说："我身或许死也，我兄长不指望我叩拜。""皇父何病，此事做梦亦未料到，有如此之例乎？"第一句话被雍正视为"悖逆之言"，后来他反复质问延信，当时胤禵到底有没有说过这句话，延信都矢口否认。第二句话说明康熙死得突然，胤禵完全没有思想准备，做梦都想不到会发生的事，现在竟然发生了。

如此一来，关于胤禵回京的事就有三种说法了，持"雍正篡位说"的人，就可以理解为康熙本人给胤禵下了旨意，要求其尽快回京，原因是他老人家身体不行了，希望胤禵赶紧回来接班。坊间有流言说，这个旨意被隆科多给截下来了，压根儿没有发出去。实际上隆科多哪有这本事，皇帝的旨意是由内阁草拟，通过兵部的驿马送达，隆科多无法染指。持"雍正继位说"的人，也可以得出两种理解，第一种是康熙驾崩后，胤禛认为先帝驾崩是天大的事，身为皇子，胤禵尽管责任重大，但也必须回来奔丧，他手里的兵权也是威胁，于是用自己的名义下旨，要求胤禵进京参与丧礼；第二种是胤禛担心自己上台后，胤禵不服乘机作乱，就先以父皇的名义要求胤禵回京，同时让年羹尧去接管兵权，等胤禵离开甘州后几天，再派延信去接管兵权，顺便告诉胤禵先帝死讯，胤禵得知后骑虎难下，最后除了乖乖回京，没有其他选择。

个人认为雍正先矫诏促使胤禵离开甘州，派年羹尧夺取兵权，再明诏延信接管兵权可能性更大。康熙并无传位胤禵之意，胤禛这样做，可以最大限度避免十四阿哥作乱，直接以新君的名义要求胤禵回京，他未必能接受。虽然老十四造反胜算很低，加之手下将领的家小尚在北京，举事显然不是明智之举。且粮草军饷都掌握在年羹尧手里，雍正的原话是"而陕西地方，复有总督年羹尧等在彼弹压"。可即便胤禵联合死党发动小规模叛乱，在人心不稳的过渡时期，也会引起一定程度的骚动，这对于大清来说也是应该极力避免的。虽然雍正的确假传了圣旨，却是他权谋的体现，有利于平稳过渡。相比于大打出手，坏这点规矩对于雍正来说，代价实在是太低太低了。

继续回京的路上，胤禵的心情绝对是无比复杂的。这条路，他之前走过一次，当时京城里等待他的，是喜迎凯旋的父皇，是看好他的文武大臣，是将他作为储君有力竞争者的老百姓。可现在呢，所见所想却是先帝冷冰冰的棺材，是国丧期间身穿素服的官员百姓，还有那个已经君临天下的四哥。剩下的路，胤禵走得特别缓慢，心里不知道有多少"意难平"。终于，这位失败者到达了生于斯、长于斯的京城，他做的第一件事，竟然是询问礼部关于觐见新皇的礼仪，胤禵是皇子，并非首次进京参谒圣上的地方官，怎样觐见难道心里没有数吗？康熙年间，他又不是一直待在边境。这样做，无非就是借机找碴儿，给四哥下马威。

景山寿皇殿

此时康熙皇帝的梓宫已经从大内移到了景山寿皇殿，胤禵身为人子，大老远地回来了，理应叩谒梓宫，于是他就去了。见雍正皇帝来了，在很远的地方向皇帝行礼。有个侍卫叫拉锡，看到胤禵，认为是表现的好机会，就准备把老十四拉到雍正面前，想让他再好好给当今圣上行个礼。胤禵心里本就不服，现在又要被一个小小的侍卫拿去邀功,当场就发飙,怒斥拉锡:"我本恭敬尽礼,拉锡将我扯拽,我是皇上亲弟,拉锡乃掳获下贱,若我有不是处,求皇上将我处分,若我无不是之处,求皇上即将拉锡正法,以正国体。"胤禵咆哮灵堂,声音特别洪亮,显得极其不知礼数,而他这一"借题发挥"也让雍正一时非常尴尬。

之后把康熙的灵柩送到景陵,雍正传旨意训诫胤禵,胤禵不接受,老八胤禩就走了过来,对胤禵说:"汝应下跪。"老十四二话不说,直接就跪下了,这无疑使雍正更为难堪:朕堂堂大清皇帝,说话一点都不好使。老八一个亲王,还是朕刚刚封的,先帝在位时,不过一个贝勒,现在他让胤禵如何,胤禵当即照办,还是在众目睽睽之下。雍正也清楚老十四心里在想什么,他根本就不服自己这个所谓的皇帝:四哥何德何能,有我立下的功劳大吗?凭什么服从你!这两件事深深刺痛了雍正皇帝的心。

康熙生前曾有过焦虑,认为自己百年之后,皇子们会把他扔在乾清宫,束甲相争,从目前的情况看有这个苗头,好的地方是只发生了口舌之争,没有动过干戈什么的。像太祖、太宗驾崩之时,都没有确定继承人,各派势力蠢蠢欲动,形势剑拔弩张。努尔哈赤死后,多尔衮的母亲阿巴亥死于非命;皇太极死后,豪格与多尔衮差点兵戎相见。但吵归吵,闹归闹,最后还是能以大局为重,选好最高统治者,没有血染盛京,让明朝渔翁得利。矛盾是有的,分寸也是有的。天下尚未到手之前,内部拼个你死我活得不偿失,太平天国的洪秀全、杨秀清、韦昌辉便没有悟透这番道理,以致天京事变成为太平天国的命运转折点。

康熙驾崩,雍正嗣位,中国历史翻开崭新的一页。原本康熙皇帝最为喜爱、累计居住时间长达十年余之久的畅春园,也随着主人的更换逐渐走向落寞。从雍正年间开始,到咸丰年间结束,清朝皇帝将圆明园作为京城郊外的主要离宫别馆，投入重金予以扩建。1738年，乾隆皇帝把畅春园改为皇太后居住之地，经常来此探望母亲。1777年，崇庆皇太后以八十多岁的高龄仙逝，正好印证了康熙皇帝那句"有福之人"的判断，为表达内心的怀念之情，乾隆皇帝在纪念康熙皇帝的恩佑寺旁边，又建造了恩慕寺。之后的岁月里，畅春园的命运便急转直下，变得衰败、萧条起来，嘉道中衰之后，朝廷也没有那么多资金进行维护。1860年，英法联军攻入北京，火烧圆明园，畅春园存留的建筑也一并罹难，后来园内的树木山石也被附近的村民搬回了家。等到民国年间，畅春园的遗址已经和荒野没什么区别了，仅有恩佑寺和恩慕寺的两座琉璃山门保存了下来。

也许康熙在临终之时，不会预料到他的死因、他的接班人选，会引起后世那么多争论。他曾长期居住的畅春园，也会因为王朝的衰败，有朝一日和历史上的其他皇家园林一样，化为废墟。世事无常，人情冷暖，在此刻体现得淋漓尽致。直到今天，康熙皇帝究竟是自然死亡还是非正常死亡，雍正皇帝究竟是合法继位还是蓄谋夺位，依然没有定论。官方的记载毫无疑问是支持前者的，因为最后掌权的是雍正及其子孙，即使真的是弑父夺位，也会被描写成另一种说法，这是政治决定的。弑父夺位的说法主要来自民间的传言，许多是雍正的敌对势力散布的，因为利益受到了损害，只能采用舆论手段进行反击，真真假假，难以分辨。还有一些是根据史料推测出来的，没有直接证据能够证明，只能说有一定的可能性。要确定康熙的真实死因，关键证据在景陵地宫，那些在积水里漂浮的遗骨，其中也许就有答案。但是那一天何时能够到来，仍是未知数。

经过不懈努力，胤禛总算登上梦寐以求的皇位，上台之后，他又会怎样对待兄弟们呢？

第六章 巩固皇位，拔掉眼中钉

先拉后打"八爷党"

1722年,九子夺嫡的最终答案在畅春园揭晓。此时此刻,最尴尬的人莫过于八阿哥胤禩。早在十几年前,他就因为结党争夺储位,"得票率"过高,被康熙深深忌惮。老皇帝曾多次宣布老八不得被立为太子,并嘲讽他生母良妃是辛者库贱妇,公开宣称两人的父子关系已经断绝。等到康熙年号即将成为历史,胤禩的爵位还停留在贝勒,连个郡王都没有当上,像老三、老四都早已成了亲王。更为可悲的是,由于争夺储位失败,无论哪个后继之君上台,新皇帝都会将他胤禩视为眼中钉、肉中刺,必欲除之而后快。争取最高权力这件事,好比自古华山一条路,不成功,便成仁。要么龙登九五,要么黯然收场。现在老八走的就是后面这条路。

胤禛承继大统后,胤禩本以为"末日审判"马上就要来临了,没想到等来的却是一个又一个好消息。康熙驾崩的第二天,雍正就任命了四位总理事务大臣,理由是办理丧事期间心神不宁,需要有人帮助皇帝处理政务,除了藩邸事务外,都要给四位大臣过目,皇帝下发的谕旨,也要由他们传出,可见职位是多么重要。八阿哥胤禩、大学士马齐就是其中之二。老八曾公开竞争过储位,马齐曾是八阿哥的铁粉，当初康熙假惺惺地让群臣推举新太子，就是佟国维和马齐号召大家拥戴胤禩。如今时过境迁，老八与马齐竟然占据了重要岗位的一半。

紧接着，雍正再送温暖，封胤禩、胤祥为亲王，封胤䄉、弘晳为郡王，赐胤禩的儿子弘旺贝勒衔。胤祥和胤禛关系本来就密切，封为怡亲王并不奇怪。而胤禩这样的人，竟然跳过郡王，直接就封为廉亲王，迅速达到了康熙年间从未有过的高度，让人摸不着头脑。其他原本与老八亲近，因此受到打击的宗室、官员，也纷纷获得了实惠。贝子苏努，曾被圣祖仁皇帝指责与胤禩勾结，现在晋升为贝勒，他的儿子勒什亨署理领侍卫内大臣。佛格被任用为刑部尚书，阿灵阿的儿子阿尔松阿之后也被任用为刑部尚书。佟吉图是胤禩管理内务府广善库期间的司官，两人交情深厚，赋闲期间，表示他正在等待时机，准备发挥个人才华，潜台词就是：有朝一日还要为老八效力。雍正登基以后，认可佟吉图的能力，封他为山东布政使。

明明站错了队，犯下严重的政治错误，老八及其党羽非但没有被倒查二十年、一撸到底，反而加官晋爵、风光无限。正所谓"事出反常必有妖"，胤禩怎么可能不明白？宦海沉浮多年的同党又怎么可能不清楚？就在晋升王爵的时候，廉亲王福晋的家属赶来祝贺，可福晋并不领情，说这有什么值得庆祝的，说不定哪天就掉脑袋了。廉亲王本人也表示，皇帝这一波所谓的恩典，实际上都不可信，今日加恩，是为了将来有一天收拾他。毕竟捧得越高，摔得才越狠。阿尔松阿接到任命他为刑部尚书的消息时，坚决推辞，不愿接受，怀疑皇帝是想用这个职务害死他。这就像男生给女生送去了玫瑰花，女生连一句感谢的话都没说，直接就给扔到垃圾桶里了。如果你是男生，心里会作何感想呢？现在雍正就遇到了这样的情况，递去了橄榄枝，人家不领情，认为他不怀好意。实际上呢，雍正也的确没有太好的心肠，他刚刚登基，立足未稳，需要把各方势力尽可能地稳住，给权给钱就是最好的方法。等龙椅坐热了，各项工作都熟悉了，处理起来游刃有余了，才是收拾这些政敌的时候。

胤禩作为八爷党的核心人物，声望最高，最开始肯定是要拉拢、提拔的，必须等到最后才能撕破脸，至于他手下的那些配角，则不需要如此费劲。比如老九胤禟，对于他的"文韬武略"，雍正有非常通透的认知，只有四个字，那就是"一无可取"，批评他是康熙无关紧要的儿子，有没有这个人都没关系。在康熙刚刚驾崩的时候，胤禟的生母宜妃仗着先帝的宠爱，坐着软榻直奔灵堂，竟然跑到了准太后德妃的前面，见雍正的时候，还摆出母妃的架子，给人一种高高在上、教训后辈的感觉，让胤禛颇为不满。

第二个月，胤禟身边的太监就纷纷倒霉了，有的被送到云南边境做苦力，有的给披甲人为奴。什么？你不愿意去？可以啊！那就自尽吧！但死后，骨头也要被送到目的地。怎么处理胤禟呢？雍正就说自从老十四回京，西北就缺人，请老九前往接替。胤禟心里也清楚，这是找个理由发配他，就开始推托。先说父皇刚刚驾崩，过了百日冥诞再去，时间到了，又说要等梓宫送入陵寝再去，反正就是找借口，被雍正看出来了，要求他不得拖延，立即前往。胤禟没有办法，一路西行，来到了西大通，也就是今天青海的大通县，被年羹尧派兵严加看管。这种荒凉的地方，胤禟一辈子也没去过几次，更别说长期居住了。他刚到西大通，就奏请回京，雍正只给批了三个字："知道了。"然后呢？就没有然后了。

八爷党的另一位成员胤䄉，雍正也不会放过。对于这位弟弟，雍正的评价同样很低，说他承蒙先帝教育几十年，"一无所成"，没有一件事情让父皇开心满意。胤䄉庸懦无能也就罢了，还不肯安分守己。康熙驾崩之后，活佛哲布尊丹巴呼图克图虽然年事已高，前来北京拜谒梓宫，一路颠簸劳累，病死在了京城。雍正就安排胤䄉护送活佛的灵龛返回喀尔喀。胤䄉当然不情愿了，一开始说筹备不了行李和马匹，推托无效后，走到张家口就停了下来，不愿意再向前一步，来了个抗旨不遵。

雍正一看机会来了，就命令廉亲王负责处理。老八非常无奈，都是自己人，这哪里下得去手呀！就建议给老十发函件，要求他继续前进，同时责罚他的长史额尔金，身为属官，王爷有错误没有及时劝谏，该罚！雍正说处罚长史有什么用，他说的话，胤䄉原本就不听的；老十既然不愿意去，干吗非得逼他去呢？要求老八重新拟个处理意见，胤䄉就建议革去郡王爵位。胤䄉的心态也是真好，都不派人进京请罪，毫无顾忌地住在张家口，跟个没事人一样。雍正同意革除爵位，将老十调回京师，永远拘禁，同时查抄他的家产。这一抄还真有重大收获，光金银便有六十多万两，算上田地、房产，那就更多了。本来雍正上台之后，一项重点工作就是弥补亏空，缓解财政危机，不能让朝廷关门了，胤䄉算是变相做出了贡献。

九阿哥胤禟

1724年，年羹尧取得青海大捷，这意味着雍正有能力管理好这个国家，足以胜任皇帝这个岗位。换句话说：龙椅坐稳了，那胤禩的好日子，也逐渐走到了尽头，雍正开始公开批评他、敲打他。等到1726年正月，雍正不再压抑内心的怒火，在西暖阁将诸王、贝勒、贝子、公、满汉文武大臣等都召集过来，召开大会，向大家宣布胤禩的种种罪行。

首先，批判他不孝。说当年先帝还在的时候，胤禩就是个奸诈险恶之徒，常常把康熙气得半死，严重损害了父皇的身体健康。先帝为什么过早地离开了我们？胤禩负有不可推卸的责任。1708年冬，老皇帝患病，胤禛和老三、老八

第六章 巩固皇位，拔掉眼中钉

共同负责治疗事宜。在此期间，老八天天与老九、老十坐在一起私聊，对老爸的病情毫不在意，等药到病除之后，胤禛高兴地将消息告诉老八，胤禩却说现在父皇身体是好了，以后的事还不知道呢。先帝驾崩后，雍正由于思念父皇，安排画师绘制了一幅康熙的遗像，常常在养心殿瞻仰、跪拜，抒发思念之情。胤禩见到了非但不感动，反而阴阳怪气地说：自古以来帝王的遗像都不供奉的，你供奉了圣祖，那太祖、太宗、世祖的咋不供奉？雍正觉得非常委屈，朕这么孝顺，你却说我不合礼法。再想到

十阿哥胤䄉

康熙驾崩时，胤禩没有半点忧伤的神情，反观十几年前良妃薨逝的时候，他却哭得死去活来，即使过了百天，依然需要别人搀扶才可勉强行走。同样是你的父母，反差如此之大，这说明什么？雍正认为胤禩之前就是在沽名钓誉，演戏罢了，他对双亲是没有感情的，骨子里就是个不孝之人。

其次，批判他的工作态度。对于胤禩的工作能力，雍正是认可的，说他"素有才干"，否则"八贤王"的外号怎么来的？但是在负责具体的工作时，胤禩态度恶劣、散漫，将许多差事都给办砸了。管理工部的时候，康熙梓宫要运往景陵，按照旧例，需动用民夫两万人，胤禩说太多了，得省点钱，减少一些，如果不是大学士及时发现，"几误大事"。修建陵寝需要用到红土，本由京城加工再送到景陵，老八又说直接在当地置办就行，要省点运费。银子可能真的省了，雍正却认为这样会让他背负不孝之名，产生重金钱而轻陵寝的舆论。"安奉祝版之案，则朽烂破损。制造军需之器，则单薄钝敝。至于乘舆法物，则断钉薄板，草率不堪。更衣幄次，则油漆熏蒸"，批评胤禩的工作成果都非常差，简直是"豆腐渣工程"，工作态度存在严重问题，那就是不在乎、无所

163

谓。后来老八又轮岗，管起了理藩院，蒙古科尔沁的台吉请求进京，拜谒康熙灵柩，胤禩说来这么多人干吗，就是想混饭吃，下令驱赶，搞得怨声载道。如果不是拉锡及时奏闻，整个蒙古都得为之寒心。后来又让他管上驷院，胤禩又说马太多了，浪费钱粮，应该裁减。雍正大为不满，以前先帝在的时候，就养这么多，你现在嫌浪费，显得父皇是个花花公子，以后临时需要大量马匹的时候，根本没有储备。

最后，批评他笼络人心、结党营私的老毛病又犯了。胤禩曾赏赐亲信太监阎俊白银二百两，还有冬夏服装，雍正说我都是皇帝了，赏赐太监从来没有老八这么阔绰，你好处给得比皇帝还多，明显是在拉拢人心。工部郎中岳周，拖欠官府钱粮，理应补足，老八却私下里送给他数千金，帮助岳周弥补亏空。廉亲王如此慷慨，岳周当然是感恩戴德，他的下属听说了，对老八也是连连称赞。据雍正所知，岳周其实根本就不差这点钱，他找年羹尧托关系，就送了白银两万两，请求举荐自己为布政使。胤禩这样做，明显就是收买，希望岳周加入己方阵营。

平心而论，胤禩早在康熙年间就这么做了，深为老皇帝所忌惮，如今故态复萌，又在雍正朝招兵买马、扩大势力。"党援终不能解散也，党援必由众人附和而成，若廉亲王一人，何所恃而如此行为乎？"雍正说结党这种事情，一个巴掌拍不响，必须你情我愿才行，所以无论是老八还是他的党羽，都是有问题的。1724年八月，雍正颁布御制《朋党论》，严厉批评结党行为，尤其是皇子们，比如老八、老九、老十、老十四，在他看来，无论以何理由结为朋党，都是严重错误，如今朝堂定于一尊，除了听皇帝的话，没有其他路可走。胤禩依靠大给好处、重罪轻罚、轻罪不罚等手段收买人心，就显得他雍正非常刻薄、较真儿。站在臣子的角度，肯定喜欢老八这样的主子，而不是他雍正这样的。雍正当然不满了，胤禩这种行为相当于以权谋私，当初审理太子党的凌普也是这么干的,"凡伊所办之事,皆要结人心。欲以恶名加之朕躬"。

最终胤禩被褫夺黄带子,削除宗籍,囚禁于宗人府,围筑高墙,名字也改为"阿其那",意思是"猪狗不如的东西",1726年九月去世,享年四十五岁。雍正找人给他汇总了四十条大罪,昭告天下,以身败名裂的结局收场。对于之前那位早早认清形势的福晋郭络罗氏,雍正下令革去福晋,赶回娘家,予以严格看管,不准和胤禩来往。胤禟则被改名为"塞思黑",意思是"讨厌鬼",由都统楚宗从西大通押到保定,直隶总督李绂在衙门附近的小房子周围加筑围墙,把胤禟囚禁在里面。方寸之地,又值酷暑,胤禟戴着铁锁,常常热晕过去,到八月份就去世了。

胤禩的其他党羽也没有好下场。原都察院左都御史揆叙,是纳兰明珠的儿子,曾推举过老八,虽然在康熙末年已经去世,雍正依然不依不饶,在其墓前立了一块碑,上面写着"不忠不孝阴险柔佞揆叙之墓"。鄂伦岱也属于胤禩的党羽,1724年,雍正有朱批谕旨要给阿尔松阿,由鄂伦岱代为转交,鄂伦岱竟然在乾清门前当着众人的面把谕旨扔在地上,眼里根本没有雍正这个皇帝。次年元旦,他又在乾清门院内大小便,让雍正更为恼火。胤禩倒台后,他与阿尔松阿自然都被处死。阿尔松阿的父亲阿灵阿当年同样力挺老八,墓前也被竖碑,上书"不臣不弟暴悍贪庸阿灵阿之墓"。

由于胤禩声望较高,在民间也有不满雍正统治,希望通过拥立老八来实现政治野心的人。比如天津的郭允进,他自称遇到了高人,受其指点,写下了"十月作乱,八佛被囚,军民怨新主"的传单,广为传播。"八佛"指的自然就是胤禩了,传单还说自雍正登基以来,旱灾水灾等自然灾害就没有停过,号召人们揭竿而起,推翻雍正,立胤禩为皇帝。这种蛊惑人心的低级作品,肯定是掀不起大浪的,很快郭允进就被枭首示众。

雍正初年,胤禩结局凄凉,实际上早已注定。胤礽第一次被废后,佟国维、马齐等人拥立胤禩失败，就注定了若干年后新帝登基，胤禩不会有好下场。身为皇子，他表露出了冲击最高权力的野心，展现了拉拢人心的高超技术，能力又为满朝文武所认可，这种既有想法又有实力的人，留下来就是潜在的威胁。那些支持胤禩的人，恰恰又是有头有脸的满汉大臣，比如"佟半朝"等，分量越重，势力越强，皇帝越忌惮，越要将其清算、铲除。无论胤禩是否真的不孝，工作态度是否真的糟糕，对于雍正来说都是一样，只要八爷党一息尚存，就必须除掉胤禩。

另外三位参与夺嫡的皇子，老大、老二在雍正年间继续圈禁，胤禔死于1734年，丧事按照贝子之礼操办；胤礽死于1725年，享年五十一岁，被追封为理亲王，谥曰"密"，葬于黄花山园寝；胤祉由于在1730年"常务副皇帝"怡贤亲王胤祥的葬礼上毫无悲伤的神情，被削夺爵位，囚禁于景山永安亭，两年后去世。等到雍正驾崩时，当年参与过储位竞争的，只有胤䄉、胤䄉一息尚存，但都失去了人身自由，乾隆把他们都给释放了，给予了部分恩典，算是为父皇那代人的恩怨画上了句号。

重拳出击十四爷

20世纪60年代，末代皇帝溥仪曾撰写过一本书，名字叫《我的前半生》。他回顾了自己从出生、登基到囚徒、改造的心路历程，涵盖了其生命中最精彩、最传奇、最跌宕起伏的阶段。从1959年特赦到1967年病逝，溥仪的后半生只有短短8年的光阴，与漫长的前半生相比，显得十分短暂，却是他最稳定、最安宁的一段时间。同样地，如果要把十四阿哥胤禵的人生也划分为两个阶段，那么1722年康熙病逝，其本人被解除兵权返回京师，沦为雍正、乾隆父子砧板上的鱼肉，就是最显著的转折点。

在此之前，胤禵曾是八爷党的骨干成员，为了捍卫老八的名誉，不惜在父皇面前为其担保，气得康熙当场拔刀相向。在八阿哥争储彻底无望后，胤禵抓住机会，成为带兵西北的大将军王，指挥部队确保了"驱准保藏"战役的顺利进行，成为当时后继之君的热门人选，如果当时就有彩票，其赔率估计是最低的。胤禵自己也对皇位垂涎三尺，军务之余，积极结交知识分子，要求胤禛及时提供京城情报。可惜最后真正坐上龙椅的并不是他，而是同父同母的哥哥胤禛。他这个大将军王，表面上看似掌握了十几万大军，实力强大，不容小觑，可人家略施小计，就巧妙地将其兵权接管。胤禵除了返回京城寄人篱下，没有其他路可走。

对于亲哥哥的上台，胤禵显然是无法接受的，在许多人看来，包括他自己，坐在龙椅上的人应该是他这位大将军王，怎么可能是那个没有立下过半点战功的老四呢？如今却只能俯首听命，接受雍正皇帝的领导。内心深处，他无论如何都不服气，不像三阿哥胤祉，对皇位并没有太多想法，或者五阿哥胤祺、十二阿哥胤祹那样，压根儿就没有参与夺嫡的斗争。

在景山寿皇殿，胤禵只是远远地跪拜，不知道他拜的到底是雍正皇帝还是棺材里的康熙皇帝，侍卫拉锡想强迫他给雍正行礼，本就不甘的胤禵彻底爆发，咆哮灵堂，使雍正特别难堪。其他人要么心悦诚服，要么心里不服，只是屈服于新皇帝的淫威，肢体上还得乖乖臣服。好家伙，现在胤禵仗着大将军王的余威、皇太后多年的溺爱，与雍正公然对抗。新皇帝还不好拿他怎么样，毕竟是国丧期间，不好立即骨肉相残，否则难免遭人非议。再说母妃苦熬多年，如今总算成了太后，现在刚刚死了丈夫，如果再失去宝贝儿子，痛苦之状可想而知。

通过此事，可以发现胤禵并没有接受角色的转变，他虽然在西北历练了几年，但性子直、缺乏城府的弱点一点儿没改。胤禵这个康熙末年皇位最大的竞争者，雍正上台后是不可能放过他的，尽管两个人同父同母，但不要忘记了那句老话："最是无情帝王家。"在权力、政治面前，血缘关系根本不值一提。玄武门前，李世民亲手射杀李建成的时候，亲情在哪里？金陵城内，朱棣望着烈火焚烧的皇宫，对朱允炆的亲情又在何处呢？

1723年，康熙皇帝的梓宫从寿皇殿运往景陵。在明朝，后继之君是不需要亲自送灵的，雍正为了体现孝道，决定亲自把先帝的灵柩送到陵寝。那个场面令人动容，史书记载雍正刚看到寿皇殿的门，还没有进去，想到即将和父皇永别，就悲痛得不行，大臣们也跟着伏地痛哭，进殿后，又舍不得康熙的棺材离去，在群臣坚决请求之下，才勉强同意。走到城外村庄，百姓们都非常感激先帝六十一年来做出的贡献，纷纷扶老携幼，远的遥望梓宫，近的跪在地上叩头，皇帝见到此情此景更加伤感。

到景陵以后，康熙梓宫奉安享殿。此行任务已经完成，可以回家了，雍正却特意留下了两个人，一个是诚亲王胤祉，要求他暂留几日，把典礼什么的都确定后，下面的人好根据要求执行。另一个人就是胤禵，具体旨意是"著留陵寝附近汤泉居住，俾得于大祀之日，行礼尽心"，大意是让老十四看守景陵，以便大祀之日尽孝行礼，实际上就是把他看管起来了。送灵途中，雍正还询问胤禵的家人，以前在军中的时候，他是否喜欢喝酒行凶？家人们都说没这事，雍正顿时变得非常生气，没有得到他想要的答案，下令把这些人都戴枷示众。连在胤禵家里教书的先生，也由于行为不端，被驱逐回原籍，交由地方官管理。真是"欲加之罪，何患无辞"，受胤禵牵连，他的家人以及身边的随从，都受到打击，政治斗争的残酷性表现得淋漓尽致。

胤禵在景陵待了不到两个月，宫里就传出令人震惊的消息，皇太后薨逝了。此时的乌雅氏既快乐又痛心，快乐是因为自己的儿子当了皇帝，她这个多年的德妃终于熬成了太后；痛心的是两个亲生儿子互相不对付，她这个母亲夹在两个儿子之间，处境非常尴尬。论感情吧，她更喜欢胤禵，幼子嘛，小时候亲自抚育。可是讲政治吧，胤禛是皇帝，身为臣子，胤禵必须服从，君要臣死臣不得不死。亲眼见证两个亲骨肉间的争端，太后的心碎了一地，加之康熙驾崩带来的精神打击，情绪上是非常糟糕的，而且她的年龄也不小了，已经六十三岁。根据清朝官方的说法，皇太后是由于先帝驾崩，悲伤过度，以致病情加重，药石罔效，最终不幸去世。"辛丑，丑刻。仁寿皇太后崩于永和宫。自圣祖仁皇帝升遐以来，皇太后哀痛深切，每致撤膳。上在哀毁之中，惟恐慈体违和，晨夕问视，孝养倍笃。皇太后积哀日久，疾遂大渐，是日，仙驭上宾。"在官方记述中是正常死亡。

可是在民间，各种各样的传闻就多了，皇太后怎么可能是生病去世的？根据老九胤禟的太监何国柱所言，太后死于非命："太后要见胤禵，皇上大怒，太后于铁柱上撞死。"母亲想念儿子了，想要把他从景陵叫回来见见，雍正一听大光其火，断然拒绝，情急之下，皇太后自寻短见，一头撞死在了铁柱子上。乌雅氏去世，的确有疑点，非常突然，但何国柱可是胤禟的太监，胤禟又是雍正的政治对手，还是失败的那一方。这种人发表的言论，又有几分可信呢？政治斗争中，身处哪个阵营，根据自身利益情况，说出对己方有利的言论，至于真真假假、虚虚实实，并不重要。有的人会信，有的人无论如何都不会信。老八的太监马起云也说太后是撞死的，就是起因不太一样。

母后去世了，雍正皇帝出于告慰亡灵的需要，决定封胤禵为郡王，但是在旨意中，也少不了一顿数落，原话是这样说的："贝子允（胤）禵，原属无知狂悖，气傲心高。朕屡加训谕，望其改悔，以便加恩，但恐伊终不知改，而朕必欲俟其自悔，则终身不得加恩矣。朕惟欲慰我皇妣皇太后之心，著晋封允禵为郡王。伊从此若知改悔，朕自叠沛恩泽，若怙终不悛，则国法具在，朕不得不治其罪。"说胤禵原本就很无知，狂妄悖逆，又非常骄横跋扈，自己屡屡教育他，希望其知错就改、回头是岸，以便能够给他些恩典，但他这个人始终不知道悔改，现在为了让死去的母后得到些许安慰，特晋升其为郡王，以后改了则什么都好说，若还要犯事，法不容情，到时那可就怪不得自己这个当哥哥的无情了。

虽然爵位是提升了，但胤禵的处境没有丝毫变化，依然被关在景陵，也没有享受到相应的俸禄。他的一举一动都受到监视，负责的官员有马兰峪总兵范时绎，三屯营副将赵国瑛、柏之蕃。事情凡有发生，必须上报，比如1724年的二月二十四日这一天，七个蒙古人前脚将几只牛羊送到了胤禵住处，雍正后脚就知道了。

在景陵期间，胤禵不仅失去了母后，还失去了另一位重要的亲人，那就是嫡福晋完颜氏，事情发生在1724年的八月。噩运接踵而至，胤䄉的人生陷入了低谷。为了料理好嫡福晋的身后事，胤䄉在住所制造佛塔。赵国瑛立即上报："今郡王允䄉命木匠做成金塔两座，下有莲花座子，共高四尺宽二尺，又计二十三层，一系与福金安骨，一系允䄉自为存用。"雍正听说后，认为这又是修理胤䄉的好机会，赶紧派人去搜查，要求胤䄉将所谓的"金塔"，实际的木塔交出来。见已故福晋受到惊动，胤䄉大受刺激，当场情绪崩溃，狂哭大叫，呼喊声在很远的地方都可以听见。这种事如果发生在其他人身上，估计和胤䄉的反应也差不了多少。

在昌瑞山下，身处逆境的胤䄉也渐渐发生了变化，他开始苦中作乐。前途无望又如何？相比那些饥荒中的百姓、战乱中流离失所的难民、在这轮打击报复中死于非命的九阿哥，自己能够活着，每天有口饭吃，已经相当不错了。为了排遣心中的郁闷，他创立了一个叫"皇会"的组织，性质上属于业余杂技团。他给自己取了个"二十三太王"的艺名，十四阿哥，为什么又与"二十三"有联系了呢？其实很简单，把康熙那些夭折的皇子都算上，胤䄉就是排行第二十三，所以他给自己取了个艺名"二十三太王"。演员们主要是守护陵寝的工作人员，他们每天待在这种地方，心情和胤䄉相比也好不了多少，平时表演表演节目，也属于一大乐事。

据说"皇会"下分十二档分会，每个分会都有自己的拿手好戏，比如高跷、旱船、龙灯之类的，分会的会头是德高望重的守陵官员，经费都由自己筹备。随着参与人员越来越多，"皇会"有时候还到几十里外的地方演出，业务辐射范围越来越大。为了加强内部管理，胤䄉还会用戒尺打人，对那些违反规章制度或者败坏名声的人进行教育。"皇会"从1724年创立，直到1913年才宣告解散，整整持续了189年之久。这说明它的存在，的确契合当时当地的社会条件，胤䄉只是开了个头，他在景陵的时间并不长，创办的"皇会"却历史悠久，在他死后依然如火如荼地运营着。

1725年，出现日月合璧、五星贯珠的罕见天象，胤䄉写下了这样一首诗："圣皇临大宝，七曜现嘉祥。尧蓂敷二叶，羲画越三阳。璧合舒辉迥，珠连散彩长。华封应有祝，遥进万年觞。"看到开头两个字，就可以体会到胤䄉变了，他终于低下高傲的头颅。遭受过专制皇权的折磨，曾经的大将军王开始称呼雍正为"圣皇"，借着天象，直接吹捧领导兼哥哥的胤禛，最后还不忘远远地预祝他万万岁。果然是大丈夫能屈能伸，识时务者为俊杰，胤䄉的性情开始发生了变化。就像刚刚毕业，想要整顿职场的大学生，在经历过社会的毒打后，变得谨小慎微、低调苟且起来。但这究竟是进步了还是退步了呢？恐怕不好说。

1726年三月，遵化一个叫蔡怀玺的旗人，不知出于什么目的，给胤䄉送了字帖，上面写着一句话："二七变为主，贵人守宗山，以九王之母为太后。""二七"即二乘七，结果为十四，寓意十四阿哥将成为天下之主；"九王之母"顾名思义，指胤䄉的母亲，就是说胤䄉的生母将成为太后。这两个岗位都有人了，胤禛就可以卷铺盖下岗了。胤䄉收到这样的字帖，在未向朝廷汇报的情况下，将部分关键字进行了裁剪、涂抹，然后交给了范时绎。然而胤䄉想要隐瞒的东西，还是没能躲过人家的眼睛，范时绎见机会来了，以最快的速度向主子报告。雍正当然很重视，蔡怀玺这是想拥立胤䄉，篡夺他的江山，就让范时绎负责审讯老十四，看看他到底有没有篡逆之心。对于这样的指控，胤䄉坚决否认，表现得非常恼火。

此事过后，雍正不敢再把老十四放在景陵了，下令押解回京，就关在景山的寿皇殿附近。雍正和康熙不一样，康熙经常往外跑，他在位期间可是宅男一枚。他居住的养心殿，离寿皇殿可真是一点都不远，平时只要抬个头，没准儿就能望见景山，自认为在自己眼皮子底下，谅他胤䄉也不敢掀起什么波澜。在此期间，经过权力斗争，老八、老九均已死去，雍正就奚落他这个弟弟："阿其那在皇考之时，尔原欲与之同死，今伊身故，尔若欲往看，若欲同死，悉听尔意。"说以前父皇在的时候，你老十四为了给八阿哥担保，差点就被砍死，平时身上还藏了毒药,一旦老八有什么变故,就准备跟他共赴黄泉。现在他真的死了,你想去看,或者想跟他一起死,都由你决定。胤禵回复:"我向来为阿其那所愚,今伊既伏冥诛,我不愿往看。"说以前我是被老八那家伙给骗了,现在他既然已经死了,我也不愿意去看他。主动和胤禩做了切割,雍正原本动了杀心,想要把胤禵一并收拾了,现在收到满意的答案,决定放下屠刀,少背些杀弟的恶名:"著暂缓其诛,以徐观其后。"

就这样,又过了九年,1735年,乾隆皇帝登基,他认为父亲之前有些事做得太过,比如在对待兄弟方面,决定将叔叔胤禵释放。此时的胤禵,早已看破了权力斗争,变得无欲无求,侄子能够恢复他的自由身,他自然也不会给侄子添麻烦。在后续的诏书中,乾隆这样评价胤禵:"自加恩宽释以来,亦皆深知前非,自悔自艾,安分家居,未尝生事。今复加恩,赐给伊等公爵空衔,不必食俸,仍令在家居住,其各安静守法,以副朕笃厚宗支之意。"说我十四叔知道错了,痛改前非,在家里安安静静的,享受天伦之乐,没有任何非分之想。爵位也得到了提升,先晋封为贝勒,后晋封为郡王,还当上了正黄旗汉军都统。但胤禵对这些早已心灰意冷,晚年的他醉心于佛教,积极研究佛理,变得与世无争、无欲无求。1755年,六十七岁的胤禵去世了,乾隆皇帝赏赐治丧银一万两,谥号"勤"。而胤禛这位胤禵人生中的苦主,已经在泰陵地宫沉睡了将近二十年,如果没有他,胤禵的一辈子也许会与众不同吧。

回顾这位昔日大将军王的前后半生,可以发现胤禵主动改变了自己,适应了新形势、新变化,要是没有雍正三年的委曲求全,雍正在收拾老八、老九后,也会取走老十四的性命。想要铮铮铁骨,就得付出生命的代价;想要寿终正寝,就得放下尊严。最终胤禵改变了性情,选择了后者,熬过了人生中最灰暗的十三年,终于迎来春暖花开。重获自由的二十年,应该是他这辈子最轻松、最惬意的时光。皇位毕竟只有一个,人的活法却有许多种。

居功自傲的年羹尧

在《左传》中，有这样一句话："禹、汤罪己，其兴也悖焉；桀、纣罪人，其亡也忽焉。"有人将其归纳为"其兴也悖焉，其亡也忽焉"，比如秦国，只用了十年时间，就扫荡东方六国，建立了大一统王朝，非常迅速。然而，仅仅十几年后，项羽破釜沉舟，刘邦攻入咸阳，大秦基业荡然无存，灭亡的速度之快，令人扼腕。回顾年羹尧的人生经历，他三十岁就当上了封疆大吏，时间之早远远超过其他同僚，雍正上台后，更是成为皇帝最信任的宠臣之一，可是到1725年年底，他就因为九十二条罪状，被雍正下令赐死。如此戏剧般的转变，简直不可思议。

我们至今还可以看到年羹尧给雍正皇帝的奏折，以及雍正在其中的朱批答复。有的话，真是肉麻到了极点，很难想象这是一对君臣，两个四十多岁大男人的对话。比如1723年七月二十六日，雍正给年爱卿送了两瓶荔枝，要求兵部快马加鞭运输，否则不新鲜，味道就不好了，颇有当年唐玄宗给杨贵妃送荔枝的感觉。年羹尧那是感激涕零，说荔枝产自岭南，以前在京城都不能轻易吃到，更别说在陕西了，万岁爷真是对我太好了。"分为君臣，恩犹父子，在人视之，皆以为荣宠已极，而自臣受之，实不能以一日忘也。"说我们俩名义上是君臣，实际上犹如父子，我一天都不会忘记你的恩德。

1723年九月初七日，年羹尧汇报陕西风调雨顺，处处丰收景象，雍正在朱批中表白："真正可喜之事。有你这样封疆大臣，自然蒙上苍如此之佑。但朕福薄，不能得如尔之十来人也。"感慨如果有十几个像年羹尧这样的人才，就好了。1724年三月十八日，雍正又赏赐年羹尧自鸣表，年羹尧上折子谢恩，雍正再次表白："从来君臣之遇合，私意相得者有之，但未必得如我二人之人耳。尔之庆幸，固不可言矣；朕之欣喜，亦莫可比伦。总之，我二人做个千古君臣知遇榜样，令天下后世钦慕流涎就是矣。朕实实心畅神怡，感天地神明赐佑之至。"称两个人要做历史上君臣关系的榜样、典范，让今人、后人都羡慕。

年羹尧因为什么事情，深得雍正皇帝欢心呢？第一个就是我们之前提到的，出任川陕总督，负责西北前线的粮饷，扼住了大军的咽喉，使掌握军队的胤禵难以轻举妄动。康熙驾崩之后，年羹尧又在雍正的命令下，与延信接管了西北兵权，胤禵彻底失败，只能乖乖回京，先后在景陵、景山聊度余生，直到乾隆即位。第二个就是青海发生了和硕特罗卜藏丹津暴乱，这要放在以前，得派个皇子、宗室统筹指挥，可现状是雍正与他们斗得不可开交，最合适的人选是胤禵，但再让他去就成了放虎归山。雍正就大胆任用年羹尧，之前在"驱准保藏"的战役中，年羹尧已经体现出了军事才能，此次挂帅，他仅用半年时间，就率领清军取得胜利，平定了青海。此时雍正急需大捷坐稳龙椅，证

年羹尧上奏雍正皇帝的奏折

明自己足以胜任皇帝岗位，收到捷报，他极其兴奋，连连夸赞年羹尧是自己的恩人。

早在1723年，雍正就已经给年氏家族大量赏赐，加强了拉拢力度。年羹尧为康熙奔丧时，雍正给他加二等轻车都尉世职，次月又加太保衔，晋封为三等公。年羹尧的妹妹被册立为贵妃，在后宫仅次于皇后。兄长年希尧赋闲多年，久不在官场，朝廷一纸诏令，让他署理广东巡抚；年羹尧的妹夫胡凤翚，被任命为苏州织造兼苏州浒墅关监督；已经八十多岁高龄的父亲年遐龄，也被授予尚书虚衔。真可谓"一人得道，鸡犬升天"，全家都因为年羹尧的崛起获益。等到平定青海，年羹尧再次进步，被封为一等公，四川、陕西、甘肃、云南四省，"一切事务，俱降旨交年羹尧办理"，俨然是西北、西南的"土皇帝"，政坛炙手可热的人物。

雍正在朱批里写的"千古君臣知遇榜样"，在当时应该是真心流露。雍正对年羹尧极度信任，后者虽然是个地方官，不在中央任职，但许多朝廷的大事、要事，他会征求年羹尧的意见，虽然不是宰相，却干着宰相咨询建议的工作。比如"耗羡归公"的事情，山西巡抚提出后，雍正认为可以，但廷臣讨论后提出反对意见，雍正感觉双方都有些道理，拿不定主意，就咨询年羹尧的意见。律例馆修订律例，雍正抄送了一份给年羹尧，让他也看着，提提建议。在人事任命方面，雍正也常常征求年羹尧的主意。比如京口将军何天培，有人说他好，有人觉得不行，雍正就问年羹尧平时有没有听到什么，希望他据实陈奏，作为下一步职务安排的重要依据。康熙末年，赵之垣署理直隶巡抚，年羹尧秘密参奏说他庸劣纨绔，怎么可以承担起巡抚重任？雍正就把他撤职了。江西南赣总兵出缺，雍正准备任命宋可进为新总兵，年羹尧说宋这个人胜任不了，黄起宪更合适，皇帝批准。按照岗位职责，许多事情根本就不需要年羹尧参与，雍正却愿意听他的意见，充分说明他对年羹尧能力的认可，以及政治忠诚度的信赖。可惜年羹尧心态不佳，志得意满，功成名就了，很容易忘乎所以，加之领导的吹捧、纵容，就更加飘飘然了。

让雍正不满的第一点，就是年羹尧在立场态度上出了问题。之前雍正以军中不能无皇子为由，把胤禟调到了年羹尧那里，本意是让他远离京城，由心腹好好看管、拘禁。结果年羹尧非但没有严加管理，还为胤禟说好话，认为老九"颇知收敛"，知道皇上的厉害了，心服了。雍正非常不满意，我这么信任你，你却给政敌说好话，胳膊肘往外拐，明确回复年羹尧，说胤禩及其党羽是不可能改变态度的，胤禟更是奸诈、居心叵测之人，更要继续提防。八爷党是雍正决心除掉的对象，年羹尧不帮助自己打压政敌也就罢了，还为其说情，已经触犯了红线。

第二点，年羹尧与隆科多、胤祥产生了矛盾。雍正上台以后，隆科多担任吏部尚书，相当于朝廷的人事一把手，考察、选拔官员就是他的工作。年羹尧在西北期间，虽然只是个总督，实际上是土皇帝，连巡抚、布政使、按察使、总兵这种级别的官员任免，也由他的意志决定，在此事上，吏部、兵部简直形同虚设。年羹尧还以军功保举官员，列出名单，要求朝廷批准，称之为"年选"，人家正得皇帝宠爱，烜赫一时，吏部只好同意。隆科多就非常恼火，一个总督都爬到我吏部尚书头上了，那要我干什么呢？而且年羹尧推荐的人里面，很多都是向他行贿的，寡廉鲜耻之徒大有人在，年大将军见钱眼开，纷纷笑纳，巨额财产来源不明。像之前那位被他参奏的赵之垣，送来价值十万两白银的珠宝后，年大将军就立即向朝廷保举，说赵之垣才华卓著，可以起用。

而怡亲王胤祥的其中一项工作是清查亏空，年羹尧常常袒护手下官员，请求雍正皇帝免除需要追回的金额；那些需要受到惩处的官员，也因为他的求情而免于处罚。其他省的大员们看到了，纷纷学习，造成"常务副皇帝"的工作难以开展，心里十分气愤。

这三个人，恰恰又都是雍正喜欢的亲信，手心手背都是肉，那就当和事佬吧。他直接下令把年羹尧的儿子年熙过继给隆科多，又对年羹尧说胤祥非常认可他："怡亲王可以算得你的天下第一知己！"也算是煞费苦心。对于年大将军以权谋私、结党营私、腐败受贿、包庇下属、阻挠新政的行为，雍正当然也是看在眼里的。

倚仗着皇帝的宠信，年羹尧心里飘飘然，逐渐忘记了自己的身份，不知道的还以为他就是皇帝。写给同级官员的文书，应该用咨文，因为是平级的，年羹尧却用令谕，把他们当作下属。出行时，蒙古的郡王、额驸、地方都统、总督都要下跪迎接。经过的地方，五步一岗，十步一哨，必须戒严，士兵把守在路口，店铺都要关门停业。进京的时候，王公大臣都去跪迎，年羹尧不以为意，只不过点点头回应罢了。在他看来，以自己的功劳、地位，这些都是理所应当的，没有任何不妥之处。雍正派侍卫到陕西，他们都是皇帝的侧近，按照常理应该优待，年羹尧却把他们当下人使唤。即使见到了雍正本人，也是"箕坐无人臣礼"。眼看宠臣如此忘乎所以，没有摆正自己的位置，雍正说："年羹尧之才为大将军总督则有余，安能具天子之聪明才智乎？"说年就是个封疆大吏的水平，绝不是当皇帝的料。还告诫他："凡人臣图功易，成功难；成功易，守功难；守功易，终功难。"要他以满盈为戒，取得了成功之后，要想想怎样维持住自己的胜利果实。

1725年，雍正开始对年羹尧动手。陕西巡抚胡期恒上奏，参劾陕西驿道金南瑛，雍正说这是乱来，金南瑛是怡亲王保举过的官员，怎么可能会有问题？定是年羹尧指使胡期恒干的坏事，下令交吏部议处。三月份，北京城又出现了"日月合璧，五星连珠"的天象，群臣纷纷上表祝贺，年羹尧也不例外，可他却把"朝乾夕惕"写成了"夕惕朝乾"，雍正说这就是故意的，年羹尧居功自傲，显露出大不敬。与此同时，雍正开始给各地督抚放风，表达对年羹尧的不满。总督、巡抚们心领神会，纷纷上折子弹劾年羹尧，本来就看不惯，现在最高领导都暗示了，一个个赶紧表忠心，证明自己与皇上是一条心的。

很快，胡期恒和四川提督纳秦就被朝廷撤换，意图很明显，他们是年羹尧的人，防止他们趁机作乱。年羹尧本人也被命令交出抚远大将军印，调任杭州将军。之所以选择杭州，是因为当时有谣言："帝出三江口，嘉湖作战场。"雍正说他就是要把年羹尧调到杭州，如果谣言是真的，上天就么安排了，年羹尧可以当皇帝，那我也难以挽回。如果是假的，年羹尧也不想当皇帝，那么在杭州统率几千士兵，断不会允许其他人在嘉湖称帝。还说对年羹尧非常寒心，认为他死不悔改，以后怎么办全看天意。

七月，大学士、九卿请求将年羹尧正法，雍正下令革职，将其以闲散章京身份安置杭州。之后地方大员们再次上疏，要求严惩，雍正批准逮捕，押送进京，罗列了九十二条大罪，其中应判处斩立决的就有三十多条，但仍然开恩，只是让年羹尧自尽。接到判决结果，年羹尧一度以为雍正会刀下留人，监刑官员蔡珽严格催促，年羹尧这才自尽。雍正给他的最后一道上谕还说，年羹尧死后将永堕地狱，即使经过了万般劫难，也无法消除他的罪孽，死后也不能超生，可见恨到什么地步。

树倒猢狲散，往日风光的年氏家族还有亲信们，纷纷受到了政治清算。他的父亲年遐龄、兄长年希尧被革职，儿子年富被斩首，十五岁以上的儿子被发往云贵等烟瘴之地充军，嫡亲子孙将来有超过十五岁的，也一样发配，永远不能回来，更不能当官。家产查抄入官，主要是受贿的不法所得。年羹尧父兄家族中，现任的、候补的文武官员全部革职。

年大将军的巅峰陨落，告诉人们功成名就之后，必须保持清醒的头脑，不要忘记自己是谁，更不要将原来的功绩作为违法乱纪的资本。为人臣者，兢兢业业，恭谨忠君才是王道，否则当会落得年羹尧一样的下场。

恃宠营私的隆科多

在康熙朝的一些公文里，凡是提到佟国维的，前面总会加上"舅舅"两个字；等到雍正初年，涉及隆科多的文件中，也会出现这两个字。隆科多是胤禛的舅舅吗？从血缘关系看并不是，雍正的母亲是乌雅氏，并非佟佳氏。如果按照礼法看，那的确算得上，因为隆科多与雍正的养母孝懿仁皇后都是佟国维的子女。既然是康熙皇后的弟弟，雍正叫声舅舅也是应该的。但是在公文中有这样的称呼，那必须是皇帝的特许，正常情况下写官职、爵位就行，不需要凸显这层亲属关系。雍正这样做，当然是出于对隆科多的认可与优待啦！

雍正曾经对年羹尧说，"此人（隆科多）真圣祖皇考忠臣，朕之功臣，国家良臣，真正当代第一超群拔萃之希有大臣也"，给予了隆科多极高的赞美。功劳体现在哪里呢？就是严格遵循康熙皇帝的遗诏，确保雍正顺利登基，积极履行步军统领职权，压制那些可能作乱的反对派，使雍正平稳地掌握最高权力。既然隆科多是有功之臣，认真完成了两位皇帝交代的任务，雍正理应给予回报。之前佟国维支持老八，被康熙严厉批评，他死后，一等公的爵位被搁置了，没有安排继承，雍正下令由隆科多继承该爵位，此外还特意手书"仁孝勤恪"四个字,竖牌坊于佟国维墓道,表达内心的认可。在行政职务方面,任命隆科多为总理事务大臣,和老八、马齐、老十三并列,权力很大。1722年十二月,隆科多被任命为吏部尚书,仍兼步军统领,转年又兼管理藩院事,任《圣祖仁皇帝实录》《大清会典》总裁官,《明史》监修总裁,还受赐双眼孔雀花翎、四团龙补服、黄带、鞍马紫辔等。

隆科多极受恩宠,又是当朝皇帝的舅舅,还是吏部尚书、九门提督,被皇帝视为左膀右臂。任何一位大臣获得这样的职务,这样的评价,恐怕都会喜出望外,更加忠诚地、努力地为上司做好工作,同样地,也容易在已有的成就中迷失自己,变得骄横跋扈、目中无人、沾沾自喜,从此走向覆灭的道路。很遗憾,隆科多犯了与年羹尧同样的错误,只是最后的结局略好一些罢了。

雍正皇帝"雍正御笔之宝"印玺

在吏部担任一把手期间,隆科多倚仗雍正皇帝的信任,独断专行,把为朝廷选拔人才的人事部门,当成了自己的独立王国。手下的官员们,平时都不敢抬头看他一眼。年羹尧在西北推荐的官员,称为"年选",隆科多选拔任用的官员,则因为他姓佟佳而称为"佟选"。既然有"佟选"之称,说明隆科多都是按照自己的想法来选拔任命官员的。隆科多这样专擅,把权力看得极重,他提拔的人，以后自然效忠于他，权力来源于谁就为谁服务。皇帝遇到了"佟选"，爆发冲突是必然的。

在康熙年间，隆科多碰到皇子都得跪安。到了雍正年间，有一次，他偶遇十七阿哥胤礼，只是起立致敬，没有像先帝时那样跪下问安。胤礼一开始没注意到，领侍卫内大臣马尔赛就提醒他说："舅舅隆科多在向你致意呢！"胤礼这才回礼。从跪下去到站起来，隆科多的腰板挺直了，更有尊严了，却非为臣之道，反映出他内心的骄横与膨胀。

随着时间流逝，雍正逐渐坐稳了皇位，面对嚣张跋扈的舅舅，两人不可避免地产生了矛盾。隆科多再有功劳，再是皇亲国戚，终究只是臣子，在行使权力方面，无论如何也不能凌驾于皇帝之上，更何况是人事任免这种至关重要的大权，皇上要提拔个人，罢免个人，还要隆科多同意，简直离谱。到1724年年底，雍正开始把隆科多视为奸臣，说他屡屡弹劾老八，欲置其于死地，却包庇鄂伦岱、阿尔松阿等人，想招入麾下，壮大自己的派系。其实这些人都是当年跟着佟国维推举廉亲王的人，现在因此受到打压，隆科多帮助他们，是在为父赎罪、还人情，但雍正不会考虑这些，他只知道这是在袒护他的政敌。

1725年，镶白旗汉军都统范时捷弹劾年羹尧欺罔贪婪，同时妄参金南瑛的事也发生了，雍正要求吏部给个处理意见，隆科多先后给了两个方案。第一个太轻，第二个太重，过犹不及，走了两次极端，雍正认为这是在有意扰乱对年羹尧的打击，除了舅舅，没有其他人有这个胆子。下令削去他的太保衔，批评他"招权纳贿，擅作威福，欺罔悖负"。在前往阿兰善山修筑城池时，雍正还特意交代凉州总兵，说你虽然在隆科多手下工作，但绝对不能客气，对这种"揽权树党，擅作威福"之人，不要给好眼色。次年，隆科多的家仆牛伦，倚仗主子的权势公然索贿，被揭发下狱，雍正下令将其斩首，并罢免隆科多吏部尚书的职务。

早在出事前一年，隆科多就预感到地位不稳，外甥不可能一如既往地待他，总有关系破裂的一天。雍正喜欢搞抄家，隆科多提前将财产转移，有的藏在亲朋好友那里，有的藏到西山的寺庙里去了，没想到保密工作干得不行，让雍正知道了，这下相当尴尬，知道舅舅心里有鬼，信不过他这个外甥。如果平时行的都是正道，何必如此呢？隆科多还主动辞职，认为自己不再适合担任步军统领，雍正有些意外，我没和他说过什么呀！半点风声都没有放过。干脆就同意了，将隆科多的死对头巩泰任命为新的步军统领。雍正就想让舅舅人走茶凉，以后和步军统领衙门没有半点瓜葛。隆科多本想以退为进，试探雍正的态度，没想到人家根本不客套，也不挽留，同意得相当干脆，安排的还是政敌。这坐实了之前的推测，皇帝外甥确实已对自己心生嫌隙。

1726年，雍正又命令隆科多前往阿尔泰岭，参与针对沙俄的边界谈判。当然，雍正这是在给机会，只要隆科多用心工作，又能够反省原来的错误，他肯定会宽宥舅舅的。谈判过程中，隆科多坚决要求沙俄归还之前侵占的土地，就在此时，他私藏"玉牒"底本的事情被查出来了，玉牒是皇家的宗谱，除了宗人府，其他人没有资格查阅；如果因为公事要看，必须请示皇帝，得到批准后须用手捧着，恭恭敬敬地阅读。就跟现在的人事档案一样，要看必须符合规章制度，不是什么人随随便便都可以看的，更不可能允许私自带回家。隆科多恰恰犯了这种错误，从辅国公阿布兰那里要到了底本，藏在家里，现在被揭发出来了，雍正决定把他从谈判桌抓回来，好好治罪。诸位大臣都觉得没必要，应该等他差事办完了，再抓也不迟。雍正不以为然，认为谈判有没有隆科多都无所谓，不差他一个人，遂将其逮捕回京。没想到其他代表还真的比不上隆科多，做了许多让步，也没有维护好朝廷的利益。沙俄代表认为谈判取得了成功，隆科多被撤换是一个重要的原因。

十月份，对隆科多的处理意见下来了，总共犯下罪行四十一条，相比年羹尧的九十二条，足足少了一半多。在这四十一条里面，其中将近一半是贪婪罪，占了十六条；之前接受过年羹尧、总督高世显、巡抚甘国璧等人的礼物，有以权谋私之嫌。还有大不敬罪五条，欺罔罪四条，紊乱朝政罪三条，奸党罪六条，不法罪七条。与年羹尧结交也成了罪状，明明两人刚开始不对付，是雍正牵线搭桥，把年熙过继给隆科多，如今这反倒成罪状了。隆科多推荐的侍郎查嗣庭，以悖逆罪被处死，雍正在询问隆科多相关情况的时候，隆科多没有说出实情；之前雍正在天坛祭祀，去遵化谒陵，隆科多一会儿说有刺客，一会儿又说康熙的皇子们要造反，搞得雍正非常紧张，经调查，都是些子虚乌有的事，这些行径，相当于对朝廷、对最高统治者不老实、不忠诚。隆科多还把自己比作诸葛亮，"白帝城受命之日，即是死已至之时"，这也是罪状之一，刘禅登基后，诸葛亮什么权势？《三国志》记载"政事无巨细，咸决于亮"，说明隆科多想要当权臣，大权独揽，政治野心不是一般的高。

数罪并罚，本应问斩，雍正考虑到舅舅曾经的功劳，心有不忍，下令永远圈禁，地点就选在康熙驾崩的畅春园附近，筑造房屋三楹，令其好好反省自己是否对得住先帝。削夺其长子岳兴阿一等轻车都尉世爵，次子玉柱贬到冰天雪地的黑龙江工作。1728年六月，隆科多死于囚禁之地，雍正赏赐钱财进行治丧。

回顾隆科多的一生，他家族显赫，资源丰富，先是站队老大胤禔，失败后洗心革面，没有跟着父亲佟国维站队老八，因此得到康熙认可，长期担任步军统领。在老皇帝驾崩时，隆科多抓住机会好好表现，凭借实力打动了雍正，两人有着短暂的蜜月期。可隆科多随后便忘记了自己是谁，袒护当初支持老八的大臣，站错了队，又将吏部掌管的人事大权抓在自己手里，结党营私，最后与雍正分道扬镳。这说明政治忠诚是第一位的，必须时刻保持，还要认清自身的定位，不要越俎代庖，行使额外的权力。个人操守也很重要，对于金钱的诱惑、各地官员的巴结，更要保持头脑清醒。

科甲朋党案

康熙末年，胤禛多方延揽的人才中，年羹尧、戴铎均下场凄凉，不得善终。按照先帝旨意及时投靠的隆科多，也未能摆脱鸟尽弓藏、兔死狗烹的结局。他自己也有预感，知道自己自畅春园拥立胤禛的那一刻起，就注定了日后不得善终。知道太多不该知道的内幕，就相当于掌握了最高统治者的软肋，皇帝的小辫子怎么可能让一个臣子捏在手心里呢？除了年羹尧、戴铎，四爷党还有一位颇具分量的人物——李绂，他在雍正年间的遭遇如何呢？只能说与其他几位同僚差不多，刚开始春风得意，后来的仕途可以说急转直下。

雍正登基的时候，李绂正在永定河做河工，1721年，由于科举弊案，他被康熙皇帝免职，发配到了永定河治河项目部。如今新皇即位，正值用人之际，对于同道中人，雍正自然不舍得继续放在工地，浪费人才，别忘了李绂当年乡试全江西省第一，还是著名的文学家。一纸诏令，就将李绂直接从河工提拔为吏部侍郎，后又让其转任兵部侍郎。

1724年，李绂被任命为广西巡抚，当上了封疆大吏。在清朝，广西属于经济比较落后的省份，民族问题非常严重。当时省内有苗民受土司挑拨，相互之间械斗严重，李绂严格禁止汉族官员、土司欺压苗民，对于收受土司贿赂的南宁知府，他直接予以革职处分。但凡发现各地方衙门巧立名目，对苗民横征暴敛的，都进行惩处。自李大人上任以来，广西省的吏治得到改善，社会也安定下来，苗民不再相互争斗。雍正得知后非常满意，决定对李绂委以重任，调任为直隶总督。在清朝的督抚中，直隶总督是地位最高的一个。

得到皇命后，李绂交接好工作，踏上赴任的路途。经过河南开封时，见到了河南巡抚田文镜，田文镜是当今圣上的三大宠臣之一，另外两位分别是李卫跟鄂尔泰。他以改革弊政、澄清吏治而闻名，获得雍正皇帝的认可。自两年前，抵达河南上任之日起，田文镜雷厉风行，下令开垦荒地，督促各州县将原来拖欠的赋税都给补上，但时间节点设置得很不友好，还要求下属官员们尽快完成，用最短的时间出成绩。时间紧、任务重，只要稍微有点没完成，或者不符合他的心意，马上处理，要么降职，要么免职。田文镜是皇帝的宠臣、心腹，说的话很容易被采纳。很快，知州黄振国，知县邵言纶、关陈等人就被田文镜弹劾，雍正派侍郎海寿、史贻直前往复核，发现田文镜所言不虚，就处置了他们。

在开封听说了这些事，李绂心里愤愤不平，责怪田文镜不应该有意蹂躏读书人。李绂小时候就是神童，长大了是学霸，走科举这条道路考取进士，最终走入官场。田文镜只是个监生，没有考上过进士，于1683年出任福建省长乐县丞起家，对于这种由监生出仕的官员，科举入仕的李绂骨子里是看不上的。他就认为田文镜是故意为之，就是在选择性地为难有功名的读书人，黄振国他们其实是冤枉的。知县张球明明业绩惨不忍睹，田文镜反而包庇不管，就是明证。

李绂到京城后，田文镜就上奏雍正皇帝，说李绂与黄振国是同一年考中的进士，有同年之谊，之前朝廷已经派侍郎到河南复查过了，黄振国的确是有问题的，李绂这种

田文镜画像

说法，明显属于挟私报复。雍正就问李绂怎么看，李绂说田文镜包庇张球，黄振国他们都是被冤枉的。两人各执一词，胤禛如何处理呢？他只是派人把张球给收拾了。同年冬天，浙江道监察御史谢济世弹劾田文镜，怒批他结党营私、贪虐不法，总共十条大罪。涉及黄振国等人的事情，言论与李绂高度雷同。雍正就纳闷了，你谢济世一个浙江的地方官，弹劾揭发本省的不法分子也就罢了，怎么管起河南的事了？狗拿耗子，多管闲事，当地情况肯定都不了解，是道听途说的。他之所以这样干，八成与李绂、黄振国是一党的，就下旨严加审讯。

处理结果为谢济世免职，发往军中效力，邵言纶、关陈也都免职戍边。李绂被问罪二十一款，但是他心态极好，在牢房中该吃吃，该睡睡，雍正命人把他押送西市，刀就架在脖子上，质问他现在感觉田文镜怎么样，李绂不愧是读书人，很有骨气，说："臣愚，虽死不知田文镜好处。"刑部派人查抄李绂家产，发现他操守相当不错，非常清贫，夫人的首饰也都为铜制品，并没有穿金戴银什么的。雍正相信李绂是个清官，就没有继续为难，把他给释放了。李绂出狱后闭门谢客，安心著述，在雍正年间的仕途彻底被断送了，直到乾隆即位才被起复。

在此次科甲朋党案中，康熙末年与李绂同属四爷党的蔡珽，也身陷其中，受到巨大冲击。黄振国原本就是蔡珽的老部下，之前已被革职，后来由于蔡珽的推荐，才得以重新开启仕途，跑到河南当上了知州。现在老田做事太狠，把黄振国给治罪了，蔡珽当然不满意：我的人你也敢动！谁还不是当今皇帝的旧臣了！等谢济世上折子弹劾田文镜，雍正想到，以前李绂与蔡珽同属己方阵营，黄振国又和蔡珽有旧，便已怀疑三人关系不一般。后来谢济世供认，他弹劾田文镜就是出于李绂和蔡珽的授意，结党营私已被证实，雍正遂怒批李、蔡二人妄图构陷忠良、朋比为奸，此风断不可长。加上之前牵涉到其他案子，数罪并罚，蔡珽的仕途彻底断送，只能在牢狱之中苟全性命，直到乾隆皇帝登基后方才被赦免，出狱后默默无闻，郁郁而终。

在这件事情上，雍正基本上站在了田文镜一边，将李绂、谢济世、蔡珽等人作为以科举为纽带的朋党，进行了无情打击。田文镜出身较低，被那些进士出身的官员轻视、排挤，是雍正给了他额外的机会，对于皇帝，田文镜自然更加忠诚、努力报效。雍正推行改革，也需要他这种能够真正做事的实干家，敢于向那些因循懈怠的官员发起挑战。鉴于御制《朋党论》已明确提出大臣们不得结党，李绂就相当于踩中了雍正画好的政治红线。谢济世一个浙江的地方官，不了解实际情况，仅出于维护科举出身官员利益的需要，就上疏弹劾。蔡珽为了帮老部下出头，得罪了皇帝跟前的大红人。雍正不会容忍这样的人存在，他们是皇权潜在的威胁，眼里只有所在派系的利益，没有朝廷的利益。尽管在康熙年间，的确存在许多的山头，胤禛为了夺取皇位，也有自己的势力，但是在登基以后，这些山头都是阻碍，他想要的是定于一尊，让君主的圣裁成为大清所有工作的根本遵循，不能有其他质疑声音的掣肘。专制皇权，就是这样排他。

无论是年羹尧、戴铎、李绂、蔡珽这样的藩邸旧臣，还是舅舅隆科多这种根据遗言迅速投效的新贵，都和雍正皇帝有过一段蜜月期，中间加官晋爵，好不风光，可最终的结局普遍都很遗憾，不得善终。老八、老十四遭遇打压，看起来顺理成章，毕竟争夺过皇位，是竞争对手。这些功臣、旧臣相继倒霉，"知道得太多"的确是原因之一，里面有许多内幕、计策见不得人，一旦被曝光，雍正苦心经营的美好人设岂能长久？更主要的还是登基后，随着身份的转变，年羹尧等人的所作所为，已经对胤禛的权力构成了威胁。比如李绂，被问罪主要是因为结党，可是在康熙末年，胤禛自己又何尝不结党，何尝不是千方百计地拉拢他人入伙？等到即位以后，结党反而成为他重点打击的对象，这明显是"只许州官放火，不许百姓点灯"。有人说雍正变了，薄情寡义，前后不一。这里要明白，当初胤禛结党，是为了获取权力，争取康熙把皇位传给他；后来打击朋党，也是为了自己的权力，因为臣下结党威胁到了皇权。胤禛其实还是那个胤禛，一如既往，始终把自己的权力、利益作为出发点与落脚点。他其实没有变，从来都没有变过。